JN142114

子育て読本

子育てはたいへん
それでもしあわせ

福田哲史

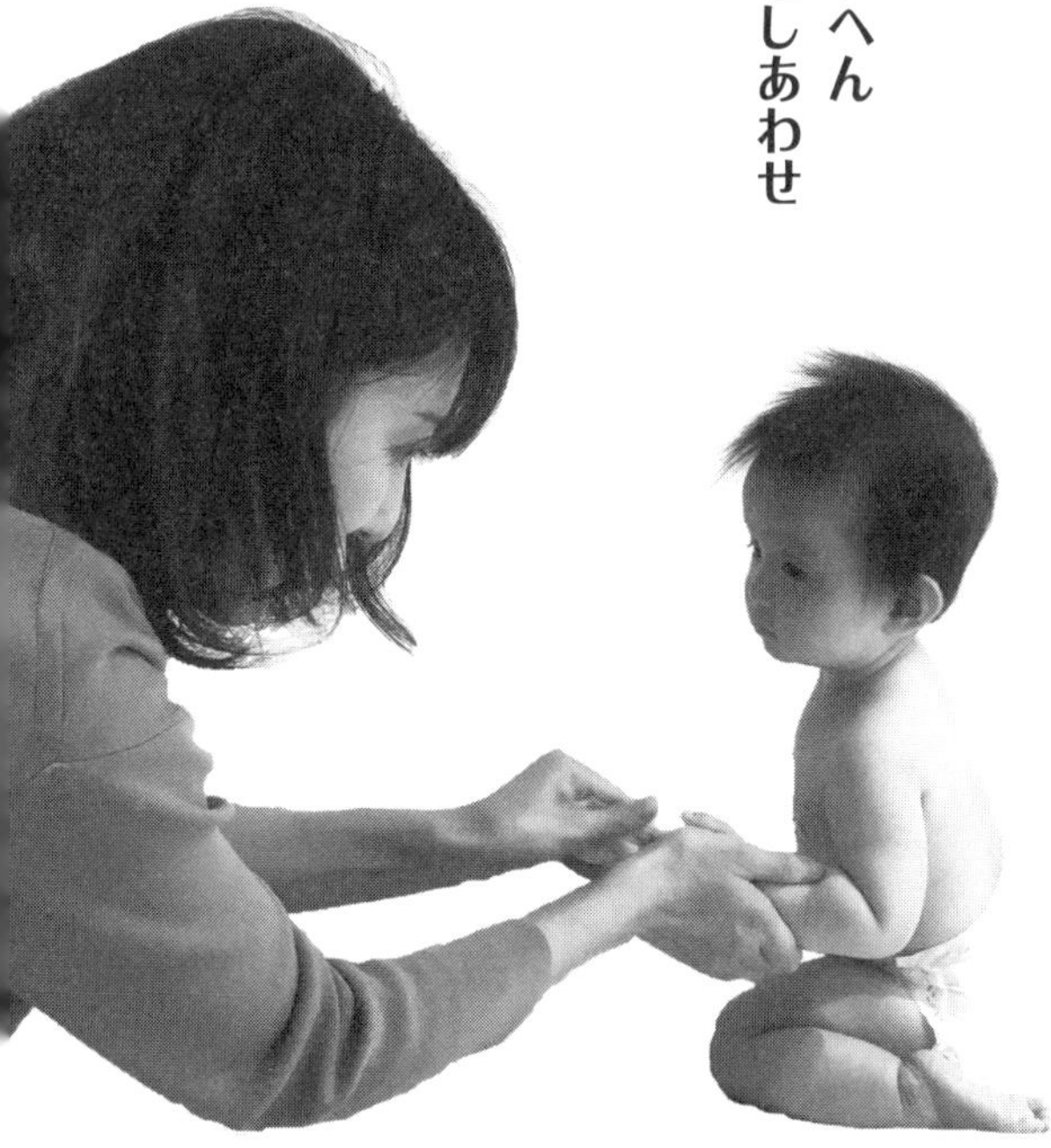

序に代えて　―私の子育て観―

子育てはたいへんですが、親として喜びであり幸せを感じるときでもあります。生まれたときの泣き顔、初めて笑ったときの愛らしさは忘れられません。首が据わってきた、ハイハイするようになった、つかまり立ちから2、3歩歩いたなど、感動のそれぞれがつい昨日のことのようです。

そして、幼稚園。あっという間に小学校入学。子供は心身ともに、すくすく成長していきます。これに勝る喜びはありません。途中にはけがや病気など、我が身が削られる思いをいっぱいしますが、子供と歩める人生は幸せという言葉に尽きます。

私は3人の子供に恵まれました。しかし、最初の子が生まれるまでに、3度の流産に加え、死産という目にも遭いました。あれほど悲しい思いをしたことがなく、家の中は暗い雰囲気につつまれる日々でした。一度は子供ができるのをあきらめました。ですから生まれたときはうれしさが余って、どう喜んでいいのか分からないくらいでした。私にとって、子供たちは自信をもって宝ものといえます。何があっても、この子たちのために生きようと思いました。親であれば、みんなそうではないでしょうか。

しかし、このところ残念な出来事が後を絶ちません。子供への虐待や死に至らしめるような事件です。親でも育児ノイローゼの親が増えているのも時代の特徴のようです。どうやって育てたらいいのか分からない親が増えています。誰でも初めは、戸惑いや不安でいっぱいのはずですが、子育てに自信をなくし、それを放棄してしまう状況に陥ってしまうのでしょうか。しかたがない、どうしようもない、と片付けてしまうのは簡単ですが、それでは何の解決にもなりません。まず、子育てには悩みや困難はつきものであると覚悟しなければなりません。親であれば誰もが通らなければならない道です。

今や子育ては、たいへん大きく切実な問題になっています。多様で複雑な社会環境の中にある家族の形態や社会のシステム、それらに伴い変わってきた人の考え方、など等、いくつもの壁を乗り越えなければならない子育てが求められているからです。

そうであっても子供には関係なく、日々成長し、一日一日が貴重です。毎日いろいろなことをそのまま吸収していきます。影響を受けない無駄な日などありません。そんな気持ちをもっていれば、子育てのひとつひとつにやりがいが感じられ、親としての在りようも分かってくるのではないでしょうか。

本書は専門書ではありません。私が経験したことや学んできたことが中心です。特に、私の子供時代や人生の先輩の教えを大切にしたい、という思いでそれらを載せました。

内容については、いろいろなご意見があるでしょうし、本書の内容が絶対というつもりは毛頭ありません。ただ、そういった子育てに対し、共感していただける部分が少しでもあったなら、うれしく思います。

目次

2　正しいことができる子に　65

5 行動力のある子に 186

挿し絵　福田枝緒理

Ⅰ　子育てのこと知っていますか

1　親が望んでいるのはこんな子供

我が子にはどのように育ってほしいですか。強くたくましく、でしょうか、あるいは、やさしい人、誠実な人ですか。日本を背負って立つような人にと願う方もいるでしょう。また、健康で元気に育ってくれさえすればとの思いも強いでしょう。

最近では、「粘り強く取り組む子供」「意見をはっきりいえる子供」「元気よく遊び運動する子供」など自主性や自立心のある人になってほしいと願う親が多いようです。社会という荒波に放り出されたときに、厳しいこの世の中を生きていくには自分を確立していなければならないとの思いもあるのでしょう。〝渡る世間に鬼はいない〟とはいうものの、これらを望む親の気持ちには共感できます。

学校に勤めていて感じたのは、多くの親が子に身に付けさせたいと考えている資質や能力は、社会が求めているものとだいたい一致しているということでした。例えば、

・基本的な生活習慣
・お礼がいえるなど感謝の気持ち

・時と場合に応じた挨拶など礼儀
・規則や公共の秩序を大切にする気持ち

を挙げる親が多くいます。甘やかされ、わがままで根気がないなどと言われる現代っ子ですが、親のほうはよく考えています。しかし、そのためにうまく子育てへの手立てが講じられているか、というとそれは別のようです。

2　誰もがもっている子育ての悩み

子育てをめぐる問題は非常に多く、複雑です。家庭の数だけ問題があるといえるかもしれません。我が子を殺めてしまう事件さえ起きる世の中ですが、こんな家庭にはどんな問題があるのでしょう。

育児に自信がない母親が増えているとはよく聞かれます。また子育てをしながらいらいらするという訴えは、とても多いようです。つまり、こういった親に育てられる子供が多いわけですから、何らかの影響が子供にある、と考えるのが自然です。でも、ちゃんと育てているつもりなのに、どうしてこんなになるのだろうという場合もあるでしょう。

　私の息子は、幼児期に近所の子と遊ぶといえば女の子とばかりでした。そんな姿を父親の私はふがいなく思ったものです。どうか男同士で遊んで、たのもしいところを見せてくれと願ったものです。かなり落ち込みました。

　食べ物の好き嫌いをなくすのにも困りました。我が家は朝食は妻が、夕食は母が作ります。子供たちの口に入る料理はほとんどが手作りで、３人の子供ともに同じものを食べて育っており、好き嫌いは許しませんでした。ところが、次女がいつからか、野菜嫌いになってしまいました。同じように育ててきたのになぜという気持ちでした。そのため野菜をむしゃむしゃ食べられるようになるまで、何年もかかりました。今でも大好きというわけではありませんが。

　子育てには悩みはつきもの。親として避けて通れません。ところが、近年、子育てに見られる傾向が話題になってきました。それは、「子供を育てる自信がない」「どうやって子供を育てたらよいか分からない」といった深刻なものです。非常にやっかいです。そのため育てられないから捨てる、命を絶つという事態まで起きています。

3　子育ての現状

子育ては、簡単に過保護や過干渉、無関心や放任と括ることはできません。家庭の数だけ子育ての現状があるからです。そして、とらえ方も様々です。楽しく子育てしている、生きがいがもてている場合もあれば、我慢や忍耐の連続だとか、もう二度としたくないといった受け止め方もあるでしょう。虐待など事件になるような子育ての現実もあります。

子育ては家庭や家族の事情、住んでいる環境、取り巻く人たち、経済状況をはじめとした社会背景、そして何より子供一人一人が違います。だから子育ては難しくてたいへんと言うのは簡単ですが、やはり子供のため親自身のためにもプラス思考で子育てをする必要があります。

子育ての現状として、その特徴を挙げてみます。私が子供だった頃とは大きく社会の状勢が変わり、それに伴って人の考え方も変わってきています。それを踏まえると次の理由が考えられます。

⑴子供を育てることそのものに負担を感じている。
⑵子育てと仕事の両立が難しい。
⑶核家族化など社会環境の変化により、子育ての情報や協力が得られにくい。
⑷少子化により子供への接し方が変わってきた。

これらは、私たちを取り巻く生活環境の変化に伴い、家族観や結婚観、職業観、人生観にも大きな変化をもたらしたと思われます。

「子供はどうやって育てたらいいか分からない」との訴えが公の場で聞かれるようになっています。いつの時代にも子育てへの戸惑いや悩みはあったはずですが、親は自分なりに工夫し努力して解決してきました。同居の親に聞き、時には近所づきあいから知識や知恵を得て、なんとか乗り越えてきました。

そうはいうものの、なかなか難しいのが現在の子育ての現状ですから、何とかしなくてはなりません。

4　子育てのいろいろ

子育ては、ひと昔のように祖父母や近所の人など、身近な人を頼ったり、自分なりに得てきた知識や知恵、技術を生かしたりすることが減ってきたように思います。今や子育ては社会全体の力を借りて行う時代になったのです。

子育てについては、情報が様々なところから発信されており、講座や研修会が開催されてもいます。携帯電話やパソコンなどＩＴを活用した取組も見られます。

例えば、地域で子育てを支援する子育てサポーターリーダーが保健師といっしょになって家庭訪問し、子育てに不安や悩みをもつ親の相談に乗ったり指導したりするといった、訪問型の事業を行っている自治体があります。企業と連携して子育ての支援を働きかけようという取組もあります。企業に家庭教育や子育ての専門家を派遣して講演や懇談を行い、子供の健全育成について考えてもらおうというものです。

また、先輩ママから学ぶ教室、地域のネットワークを促進する講座、子育ての知恵を知る学習会、親と子の基本的生活習慣の身に付けさせ方や、幼児と保護者のリズム遊び等の講習会など、実に多彩な取組が全国で見られます。中には「孫育て、親育て」というのもあります。

中学生や高校生を対象にした取組もあります。これは、乳幼児に触れ、いっしょに遊んだり子育てのまねごとをしてみたりするというものです。兄弟姉妹が少なくなってきた現代、弟や妹がいない生徒もいます。こわごわ赤ちゃんを抱っこする体験は、貴重なものに違いありません。女子生徒にいたっては、水を入れたペットボトルをお腹側に当てて、妊婦になってみる体験もあります。

Ⅱ　子育てをはじめる前に

1　昔の子育てから学べること

私が子供の頃、我が家では米づくりをしていました。その頃の農業は機械化された今の農業とは違い、多くが手作業です。父は勤めていましたので、母の負担は子供の目から見ても、とても大きいものでした。朝から晩までの農作業はとても辛かったろうと思います。父も勤めが終わってから作業に出るので、たいへんだったにちがいありません。ですから、両親にとって、思い描くような子育ては、できなかったのではないかと想像します。農家でなくとも当時の日本の多くの家庭が働くことに一所懸命で、多かれ少なかれ、似たような状況だったかもしれません。私は乳児の頃は、つぶら（赤ちゃんを入れておく藁製の容器）に入れられ、田んぼの畦に置いておかれたそうです。はいはいができるようになると家じゅうの戸を開かないようにして、部屋に閉じ込めておいたと聞きました。

そんな家庭でしたが、両親は5月の連休と稲刈りが終わった秋には、どこかへ連れていってくれました。近くの小さな遊園地であったり、映画館であったりと遠出をするわけではありませんが、とても楽しみで、ささやかではありましたが幸せでした。しかし、だらしないことや男らしくない行為に対しては厳しく、相当こっぴどく叱られました。

両親はどんな思いで、どんなふうにして私を育ててくれたのかを、時折考えてみるのは必要と思っています。

私には二人の伯父がいました。二人はまったく違うタイプでした。一方は厳しく親分肌で周囲から頼られる人でした。農業と土建業で鍛えた体はたくましく、近寄りがたい感じさえしました。あるとき、靴を揃えずにいたら、軍隊で鍛えた大声で怒鳴りつけられ、身が縮む思いをしたのを忘れられません。行儀の悪い行いには毅然と叱れる人でした。

もう一方の伯父は、おっとりとしてやさしく怒った姿を見たことがありません。伯母の尻に敷かれるタイプだったかもしれません。口数は少なく社交的ではありませんでしたが、そばにいるとやさしい気持ちになれたのを覚えています。

この伯父たちには、それぞれ4人の子供がいました。私のいとこです。違うタイプの親に育てられましたが、共通点があります。やさしく明るく快活なところです。そして、社会性に富んでいます。これらは人としてとても大切な要素です。もちろん、それぞれに短所もありますが、肝心かなめなところが備わっている、と少し自慢したくなります。

伯父と伯母はどんな子育てをしてきたのでしょう。多分、子育てらしいことは何もしていないというでしょう。でも、それを探ってみる価値はありそうです。学べる点がたくさんある気がします。

2　偉人の親はこんな人

偉人といわれる人の親はどんな子育てをしたのでしょう。参考にしたいことがたくさんあるにちがいありません。

世界的に有名な医学者で、黄熱病や梅毒菌の研究で知られている野口英世の場合です。小さいときに大やけどを負い、後遺症で指がくっついてしまい「てんぼう、てんぼう」といじめられながらも猛勉強して世界の人々の役に立ちました。

野口英世の母はシカといいます。シカは自分の不注意でやけどを負わせたためにいつも悔やみ、いじめられる我が子を見るにつけ、不憫で申し訳ない気持ちで日々を送るのです。そんなシカは、手が不自由でも仕事につけるようにと学校にいかせるため学費をかせぐ決心をしました。わずかの土地を耕すだけでは足りないので、夜はエビをとったり遠い道のりを重い荷物を運んだりして、かせぎの足しにもしました。それでも足りず、読み書きのできないシカでしたが、近くの助産婦の手伝いをしながらとうとう助産婦の資格をとってしまいました。

体を酷使して、学費をかせいだ母シカの期待に応えた野口英世は、油代を節約するため小学生から旅館の風呂焚きを手伝い、その明かりで勉強したといいます。私は野口英世とシカの関係は特別ではないと思っています。時代は違いますが、親が子を思い、また親を思い親の気持ちに応える、この姿はいつの時代にあっても変わらないはずだからです。表し方が違うだけです。

もうひとつ例を挙げます。「余の辞書に不可能の文字はない」で知られるナポレオンです。自信家で傲慢なイメージのあるこのフランス皇帝にして、母を「私の成し得たすべては、一人の女性のおかげだ」と言わしめています。この母の名をレティシアといいます。なかなか厳しいお母さんだったようで、ナポレオンがうそをついたり、人の目を盗むような卑しいことをしたりしたときには、容赦のない罰を与えました。「名誉と約束」を重んじたレティシアは、少年時代のナポレオンにことあるごとに善悪の区別を教えたのです。

後にナポレオンは「大人になっても、子供のときに母から受けた誇りの教育が、生涯にわたって私に働きかけた」と言っています。このことは、母親の毅然とした態度と子育てに対する強い信念の表われといえましょう。母の強さは、子を強くするよい例だと思います。

偉人の親は、特別な人ではありません。親が子を思う気持ちは、誰でももっていますし、親の愛情は万国共通で何より深いからです。

3　親として足りないもの

「親の背を見て子は育つ」といいます。親のいいところも悪いところも似るようです。おかしなもので親の悪いところほど、子は受け継いでしまうようで困ります。

お調子ものの親の子は、落ち着きがなかったり少し軽率だったり、神経質な親の子は細かなことを気にしすぎたりする場合もあるでしょう。親子を見ていると、この親にしてこの子ありかなと思わせる場合がけっこうあります。

私の息子は片付けが下手でした。机の上や足下、棚の上にはいろんなものが置きっ放しになっており、どこに何があるか分からない状態です。私はかなり整頓してきれいにしているほうだと思っていたのですが、よく考えてみると車の中や部屋はきれいにしているのですが、そのほかのところはあまり気にしていない自分に気付きます。

娘のほうはというと、時間がきても慌てません。バスが来る時刻にもゆったりとしていますし、家族で出かけるときは、家を出るのがいちばん遅く、周りを怒らせていました。私は時間を守ることには人一倍うるさいので、絶対に私の遺伝子ではないなと自信がありました。この原因は妻にあると思っています。妻もまた慌てない性格で、行動は娘と同じです。これが夫婦喧嘩の種になることもあります。

人には必ず長所、短所がありますが、つい我が子を叱ってしまったり、直してやりたいと思ったりする原因には、少なからず親の言動が影響しているのではないでしょうか。そのような時は、親として足りない点を自覚しなければなりません。子供の頃に身に付いた短所を改めるには、たいへんな努力や苦労が伴いますから。

子供への悪影響でも、親が少し我慢すれば影響を与えずに済むのに、それができない親が増えている気がします。見たいテレビがあれば野放図に見てしまう、食べたければ時と場所をかまわずに口にしてしまう、欲しいものがあれば後先を考えず散財してしまうなど、私たちの周りにはそのような例が、かなり見受けられます。まずは、親が変わらなければ子は変わらない、と肝に銘じておく必要があります。

4　現代っ子に欠けているもの

30年以上前に担任をしていた頃の忘れられない出来事があります。担任していたのは5年生。生意気盛りです。特に男の子たちはやんちゃなのが多く、教師になりたての私をなめてかかるような子供がごろごろいました。私も若く、勝ち気に対応していたときですから、ずいぶんと厳しくした覚えがあります。

ある時、10人くらいが掃除の時間にさぼって遊びに行ってしまいました。そこで、放課後に残っていた校庭の草むしりをさせることにしました。一人一人の分を線引きして、自分の分を最後までやり終えるように指示しました。「先生、こんなにたくさんできない」「夜になってしまう」などと、何とか逃れたい様子でしたが、断固として認めなかったので、子供たちは渋々取りかかっていました。鎌を使う子、手でがむしゃらにむしる子、汗でぐしょぐしょになりながら、全員が決められた範囲をやり終えました。覚悟を決め、やるしかないという思いだったのでしょう。

ところが、今の子供たちに同じように作業をさせようとしてもできないのです。叱られると分かっていようが、自分が悪いと自覚していようがやらないのです。体が止まってしまいます。それは体力の問題なのか気力なのか、はたまた両方なのか、別の理由なのか分かりませんが、こういった現状がほとんどです。よく言われるように、根気がない、依存心が強い、自己中心的な子供が多くなったのは事実でしょう。責任感という点においても、心許ない子供が多くなった気がします。草むしりは一例にすぎませんが、わずかな年数で子供の気質が変わったと実感させられます。さらに、善悪の判断がしっかりできない子供が増えたのも特筆すべきです。学校でのきまりや社会のルールについて、無関心であったり無神経であったりと、思慮分別に乏しい子供が多くなっているのを憂えずにはいられません。

また、自己表現が苦手であるというのも気になります。学校教育ではディベートであるとか話合い活動に力を入れてきているにもかかわらず、こういった傾向が強くなってきた気がします。聞かれたことが分かっていても言葉にできなかったり、うまく説明できなかったりする子供が多いのです。人に何か言われているのに黙ったままで、相手の顔を見ているだけの姿は異様にさえ映ります。道に迷ったらどうするのでしょう。人が声をかけてくれるまで立ち尽くしているのでしょうか。

疲れやすいという特徴もあります。これは身体的な理由であったり、精神的なものであったりと様々ですが、すぐに「疲れた」「だるい」と言葉や態度に出します。

私は身体的な場合は別として、これは子供たちの経験不足だと思っています。豊かで便利な生活の中で生まれ育った今の子供たちには、経験が乏しいのではないでしょうか。ですから学校教育の中で体験活動と称して、本来、家庭ですべきことまでも教育活動に組み込むようになりました。

私はこの年になっても、まだ親から言われています。「小さいときからもっと何でもさせておけばよかった」と。親から見れば私など、何も知らない何もできない子供なのです。その親も言われてきたのかもしれません。しかし、させる機会があまりに少なく、乏しくなっているのは間違いがないと思います。

Ⅲ　さあ、すくすく育てましょう

子育ての方法は子供の数だけあるのかもしれません。家族から受け継いだ資質や生まれた環境、その子だけがもつ性格や体質など一人一人違うわけですから。これらを踏まえて、お父さんやお母さん、おじいちゃんやおばあちゃんの知識や知恵、子育ての技術を駆使して、愛情をいっぱい注いで子育てをしなければなりません。また、周りの人から教わったり学んだりした子育てを我が子に合うようにアレンジして子育て法を編み出すのは楽しく、生きがいになります。

忘れてならないのは、子育ての方法は千差万別であっても、社会の一員としてどうしても身に付けねばならない事柄や伸ばしてやるべき能力は、共通であるということでしょう。

1　やさしく思いやりのある子に

人の長所を表す言葉はいろいろあります。明るい、人なつっこい、親切、思慮深い、行動的、正義感が強い、協調性がある、誠実、常識がある、よく気がつくなど多様です。外見のよさを挙げる人も確かにいますし、経済力が大切という考えもあるでしょう。そんな中で、「どんな人がいいですか、好きですか」と問われると女性も男性も「やさしい人」と答える人が多いのではないでしょうか。

なぜやさしい人を求め引かれるのでしょう。それは、きっと過ちを許してくれ、相手の立場を尊重できるからです。別の言い方をすれば、やさしい人はとても強い人であり、その真の強さにやすらぎや安心感が得られるからかもしれません。やさしさは人が人として生きていく上で一番大切なものにちがいありません。やさしさが備わっていない人には人は寄ってきませんし、信頼されることもありません。周りをそういう見方で見てみると、やさしさや思いやりのある人の周りにはいつも人がいます。やさしさや思いやりに溢れている子供はそれだけで大きな財産をもっているといえましょう。

三食足りてやさしさを知る

「命（めい）は食にあり」といいます。「人間は食べることによって命を保っている」といった意味ですが、「人の運命は食にある」と解釈する場合もあります。つまり、人は食べ物によって性格や習癖、人相、人生観まで変わり、運命も左右するというのです。食べるという行いは生活の中で最も基本となりますから、納得のいく言葉といえます。

日本では「日常茶飯」などと言って、ごくありふれたことがらを指すときこのように使います。普通の食事のようにということですが、私たちにとって食事はごく普通の営みでなければならないわけです。また、健康のために食べるばかりではなく、食事は人に潤いの時間を与える場でもあります。食べる時を〝至福の時〟と表現する人さえいますが、食べることでそう感じられるなら、それは確かに幸せなのです。

そんな食事の時間こそ、子育てでは大切にしなければなりません。そこでいちばん大切なのは、一日に三度の食事を確保することです。ほとんどの方は「なにをいまさら」と思われるかもしれません。それでも中には「休みの日には遅くまで寝ていて朝ごはんを食べない」場合があるかもしれません。でも、食事にそんな例外があってはなりません。

生活を衣食住で表す場合があります。どれももちろん大切ですが、このうち「食」は基本であり最も大切です。江戸時代のはじめ頃までは、一日に二食の生活だったようですが、たくさんのエネルギーを消費する現代社会においては、それでは足りません。あえて断定的な言い方をするならば、親として、朝、昼、晩と三食を食べさせるのは義務です。基本的な生活習慣の確立や栄養面からの健全育成は無論ですが、食べさせるという親の愛情面からもとらえていただきたいのです。

近ごろは小学生もサラリーマンと同じで朝食を抜いてくる現象が見られるようになりました。

「朝は食べないよ。お父さんもお母さんも食べないから」どうして食べないのと聞いてみると「だって食べるものがないし、お腹もへらないから」などと答えます。

私はこういった子供たちに与える肉体的影響もさることながら、精神的影響をとても心配します。これでは心がすさみ、言動が荒れる子供たちを責められません。これを多様で複雑な社会環境だから、家庭の事情だからと責任逃れはいけません。給食や弁当の日を含めて、子供に一日三度食べさせるのは子育ての一歩目です。

愛情が伝わる煮物、和え物

私は子供たちに（大人もですが）煮物や和え物を食べさせてやってほしいと思います。近ごろはついレンジで〝チーン〟とやってしまったり、炒め物や揚げ物に流れてしまったりする場合が多いのではないでしょうか。もちろんそれだっておいしい料理はたくさんありますが、日本人が伝統的に食べてきた煮物、和え物を見直すべきだと思います。煮物、和え物は季節感と土地の食材を生かし、栄養価を考えながら、昔から伝えられてきた知恵でおいしいものに仕上げられてきました。そして、それぞれの家庭料理として代々伝えられてきました。これを絶やさないようにするのはとても大切です。

私は特にごま和えが好きで、我が家でもよく食卓にのぼります。和えるのはほうれん草であったりにんじんであったり、さやいんげん、しめじなどのきのこ類といろいろです。ごま和えがあると食事が進みますし、お酒のおつまみにもよく合います。近ごろはすり鉢やすりこぎ棒がない家庭が増えていると聞きますが、ぜひ揃えたい台所用品です。子供の頃はごまをするのがおもしろくて、お手伝いを兼ねてすったものです。ぷーんと香ってくるごまのにおいは、なんともいえずよい香りです。

陶芸家の北大路魯山人は、大正から昭和にかけて活躍した芸術家で、陶芸のほか、書や絵画にも一流の才能を発揮した人です。その魯山人は美食家でもあり、料理にはたいへんうるさい人だったようです。日本中のおいしいものを食べてきた人ですが、石川県の山代に旅した時のこと、数あるおいしいものにはまったく触れず、「ここのたくあんがいちばんうまい」と言ったそうです。

たくあんは糠に大根やきゅうりなどを漬け込んだものですが、たくあんを漬け込む家庭はとても少なくなりました。糠をよい状態に保っておくのはたいへんですし、おいしく漬けるのはなかなか難しいものです。手が汚れるし匂いがいやだからと敬遠されがちです。このたくあんを天下の美食家魯山人が「一番！」と言ったのです。手がかかる分だけ、料理としてのぬくもりが感じられるからこそ、言わせた言葉でしょう。また、魯山人は次のようにも言っています。「家庭料理は料理というものにおける真実の人生であり、料理屋の料理は見かけだけの芝居ということである」。

本題に戻したいと思います。煮物、和え物を食べさせる一番のねらいは、手をかけた料理を食べさせるという点ではないかと思うのです。子供だって親が手をかけているか手を抜いているかはちゃんと見極めています。料理に手間暇かけるのは子供に愛情を注ぐのと同じです。一所懸命してくれたことに対して、子供が何も感じないはずはありません。忙しければ、土曜や日曜など時間の取りやすいときでいいと思います。店で売られている出来合いのものばかりではなく、〝おふくろの味〟を子供に堪能させてやってください。そして、親として煮物や和え物で手をかけることにより得られる子育ての成果を、やがて味わっていただきたいと思います。

湯気の効果

朝はあわただしく、じっくり朝ごはんを作るゆとりがない家庭があります。でも、朝食を抜くと〝3度〟になりません。ですから毎日できる手軽で栄養のある一品が肝心です。それが味噌汁です。

忙しくとも味噌汁を食べさせることをおすすめします。おかずがなくともゆらりと湯気のあがる味噌汁が食卓にのぼるだけで、おだやかで落ち着いた気持ちになります。温かい食べ物が食卓にあるのはよいものです。つまり、それは親の手の入った料理だからです。普段はなかなか手をかけてやれなくても、味噌汁をつくるだけで子供にとっては、手間暇をかけてくれた行為として、無意識のうちにも心に残り、親への愛情につながります。温かいものを食べて、心も温かくなる。それがポイントです。

我が家の場合は、味噌汁が出ない日はありません。子供の頃からずっとそうでした。これは父の影響で、家風といっていいくらいに定着しています。父は食べるものに注文をつけませんでしたが、味噌汁にはこだわりがありました。食事には必ず付くものというこだわりです。そのせいか、私は学生の頃は一人暮らしをしていて、お金がなくなるとお茶碗に味噌を落とし、お湯をかけただけの味噌汁でごはんを食べたりもしました。それでも暖かな湯気が、豊かな気持ちにしてくれたのを思い出します。

余談ですが、味噌の効能はたくさんあります。大豆に含まれるリノール酸はコレステロールを体外に出しますし、サポニンはコレステロール抑制効果があります。また、味噌汁を飲む頻度の高い人ほど癌による死亡率や発生率が低い、とのデータもあります。さらに、味噌に含まれるビタミンEやダイゼイン、サポニン、褐色素は老化防止の作用があるといわれています。肌を美しくし、消化促進や整腸作用もあります。洋食中心というご家庭にも一杯の味噌汁をお勧めします。

家族に包まれるからこそ

「家族団らん」という素晴らしい言葉があります。最近は人間関係の希薄さが家庭の中まで浸透しているようです。子供から大人まで忙しい時代ですから、やむを得ない面はありますが、家族のつながりが薄くなっている傾向は残念です。

例えば食事の場合ですが、「朝食はだれととりますか」では親といっしょにとる小学生は46・4%、中学生では32・0%です。（2005年文部科学省「義務教育に関する意識調査」より）また、「朝食を一人で食べる」と答えた児童生徒の割合は小学生で20・1%、中学生では41・6%との結果です。

朝一人でごはんをすませ、学校に出かける姿を想像するとき、何かしら寂しさや哀れみを感じずにいられません。家庭の事情により仕方がないというのはあるのでしょうが、どうにかならないものかと考えさせられます。やはり食事のときぐらいはいっしょに集って、食卓を囲むことを幼いうちから味わわせてやり、〝孤食〟は避けたいものです。一人でぽつりと食べるのと複数で楽しく食べるのとでは、味もおいしく感じるでしょうし食欲も違ってきます。また、人格形成の上で、やさしさや思いやりを育む点からも、大切な要素になると思われます。

そこで、食事の時に家族みんなが揃うためのルールを作ってみましょう。一人一人の行動にまかせて、好きなように過ごしていては〝家族団らん〟は成立しません。そこに工夫が必要ですし、努力がいります。家族のなかにあっても我慢するとか相手に合わせるといった姿勢が大切です。

例えば、朝ごはんのときは、家族みんなが起きる時刻を決めておくのはどうでしょう。お父さんはゆうべ残業で遅かった、お姉ちゃんは受験勉強で疲れているなどを理由にしないことです。それは、朝食後の休息の取り方で対処すればいいのです。とにかく、食事の時は特別な理由がない限りは集合するものだという意識をもち、習慣付けるのが鍵となります。

休日の昼や夜もそういった気持ちが重要です。そのためには、親が率先して決まった時刻に食卓に座る手本を示さなければなりません。学校や仕事がある日は、それぞれ家を出る時刻が違いますから、家族の中で誰に合わせるのがいいか、家族で相談するとよいでしょう。家族で食べる楽しさや喜びを味わうべきです。「鯛も一人はうまからず」というではありませんか。

学校で子供たちを見ていると、忘れ物をしなかったり洗顔やトイレなどをきちんと済ませたりしている家庭は、起きる時刻や洗顔、食事、準備の時刻がきちんと決まっています。もう習慣になっているので、いま何時と特に意識しなくても朝の時間が決まったように流れているわけです。基本的生活習慣といいますが、むずかしい話ではなく慣れです。しばらく続けていれば体も頭も自然に動きます。

我が家の場合は、食卓に家族が揃うのに時間差が大きいときがあります。しかし、母や妻は、その間、できる限り食卓で過ごし、話をしたり世話をしたりします。これは私が子供の頃からのスタイルでした。私の人格形成にどれだけ影響があったのかは分かりませんが、やすらぎの中で食事ができ、心の安定に結び付いたのと、母への感謝の気持ちがあるのは確かです。

外出は大切な思いで

子供にとって家族との外出は楽しみのひとつです。外出は楽しいことや新しいことに出会うだろうという期待とともに、家族と一体感がもてる出来事です。みなさん自身、お父さんやお母さんとどこかへ出かけた思い出は、大切なものとして残っているでしょう。あまり出かけた思い出がないという方は、さびしい思いをしたとかうらやましい気持ちをもっていたとか、そういった面から家族いっしょに出かけるよさや大切さは、おわかりいただけると思います。

外出はお金をかけて、遠くへ出かけるものとは限りません。ご近所へ回覧板をいっしょにもっていったり、何かのお裾分けにお隣さんへ行ったりするのも外出と考えましょう。あれこれとたわいもないような話をしながら、用事をしに行くという、些細ではありますが、こういったふれあいは心に残るもの。できるだけ日々の暮らしの中で、いっしょに行動する場面を設けましょう。

やり方はいろいろで、それぞれの家庭に合った外出を見付けるとよいでしょう。お店に買物にいく場合もあるでしょうし、用事がなければ散歩や自転車で、ちょっとそこまでというのもよいものです。周りから見てほほえましい親子の外出は、子供にとって安らぎを覚え、やさしい気持ちになれるはずです。多感な時期でも心の安定が図られ、豊かな心を育てるにはとても効果的です。少し大きくなって恥ずかしがる年齢でも、照れくさいようで心の中では、案外うれしいものではないかなと思うのです。

私も子供との外出で、なつかしく心が温まるような思い出があります。私は自分の用事であっても、差し障りのない範囲で子供たちを連れて出かけるようにしていました。子供たちも心得たもので、出かける支度をし出すと、いっしょに準備を始めます。何か買ってもらえるわけでもなく、おもしろい用事でもないのですが、外に出るのがうれしかったようです。そして、それぞれが、車の助手席を確保しようと競い合います。取られた二人は、残念がるやらくやしがるやら。車の中では、帰りは誰が助手席に座るかと、侃々諤々です。子供の幼いやりとりですが、ほほえましくささやかな幸せを感じたものです。

親への暴力事件を起こしたある子は、その理由の中で「両親と一緒に出かけた記憶がない。そんな親を好きになれなかった」と言いました。幼い頃から父親も母親も構ってはくれず、友達が両親と出歩く姿が、とてもうらやましく思ったというのです。「ちょっとそこまでいっしょに出歩く」といった行為があるのと無いのとでは、子供の人格形成に与える影響はとても大きいものです。

旅行は先行投資

旅行代理店のTさんとはずいぶん長いつきあいになります。Tさんはいつも低い予算で見積もりをたのむ私に、親身になって相談にのってくれ、なるべく交通費を抑え安くてよい宿をというわがままにいつも応えてくれる腕利きの営業マンです。

そのTさんから言われた忘れられない言葉があります。「旅行は子供への先行投資ですよ。列車や飛行機に乗せてやったり、行ったことのない場所に連れて行ってやったりするのは子育てにはとても大切じゃないですかね」そして「子供は小さいときに行ったところは覚えていないかもしれないけれど、どこかへ行ったという経験、どこかへ連れて行ってもらったという思いをもたせられるのが大事なんですよ」と。

1年に1度は子供を連れて遠出をしようと妻と決めていたのですが、予算の都合で迷っていたところへの言葉でした。この言葉に決心し、いろいろな乗り物を利用したり巡る場所も増やしたりする旅にしました。

私の父も旅でたくさんの経験をさせてやりたいと考えていたようです。ですが、サラリーマンとしての収入に頼る家計で、けっして豊かではありませんでしたから、豪華な旅行というわけにはいきません。でも父なりにがんばってくれたように思います。

　こんな思い出があります。私が子供の頃は車などなく、オートバイがあるくらいでした。ですから家族で出かける際には公共交通機関を利用しなければなりません。

　その頃、私の家から車でなら30分くらいのところに、当時としてはわりと大きな遊園地がありました。ただ、車がないのでバスに乗って町に出て、さらに電車に乗り換えていかなければなりませんでした。車があれば早くいけるのに、そうはいかないところにたいへんさがありました。そこで父が考えたのは、バイクで家族分を往復して遊園地まで送ることでした。今考えるとなかなか滑稽ですが、これが当時の我が家には最善の方法でした。そんなふうにして春と秋の2回、毎年連れて行ってくれました。私たち兄弟には楽しみな行事でしたが、父はたいへんだったろうと思います。自分が親になってみてそれが分かり、よくやってくれたなと感謝しています。

　もうひとつ思い出があります。我が家も私が中学生になる頃に、いよいよ車を購入することになりました。３６０ccの小さな車でしたが、世の中の流れでしょうか、父も持てる時代になりました。このときも父はフルに活用してくれました。県外に連れていってくれることになったのです。私たち兄弟はうれしくてしかたありませんでした。しかもマイカーで行けるのです。でも予算の都合でしょうか、泊まるのは車の中でした。知らない大きな川の土手に車を止めて泊まりました。ところが夏休み中の旅行ですから、暑くて車の中にいられません。それで、車の下にもぐりこんで寝たわけですが、それもよい思い出になっています。父は運転しながらですからとてもたいへんだったろうと思いますが、家族のよい記念旅行になりました。

旅行にはいろいろな形があります。それぞれの家庭のあり方でいいのです。大切なのは旅から得られるものは、大きいし貴重という点です。行ったところを詳しく覚えていなくても何をしたのかを忘れても、成長していく過程で、子供はいろいろ学んでいってくれます。そして、忘れてならないのは、そのときに親の愛情を、身を以て感じさせてやれるということです。

「旅行は先行投資」。この言葉は友人にも使って勧めています。子供にとって有意義できっと将来に活きると考えることが大切です。もちろん、そんな堅苦しいように考えなくても、家族で楽しい旅行ができれば幸せではないですか。そして、子供たちが親になった時に、同じように子供にしてやってくれればと願うのです。

乳幼児期から読み聞かせ

最近、小学校では読み聞かせの場を設けるところが増えてきました。朝の学習の時間や昼休みなどを活用して、子供たちに本を読んでやるというものです。これは本離れが指摘されている現代では、とても効果があります。概して子供たちには好評で、読み聞かせが始まると一斉に静かになり、興味津々な面持ちで聞き入っています。読書をあまりしない子供も熱心に臨んでいます。

読み聞かせは学校の職員だけではなく、図書館の職員や地域のボランティアが来校しておこなわれています。外部の方が読むと、一層効果的に聞かせてやれますし、読み聞かせに選ばれる本は、豊かな心を育むようにと厳選されますので、子供のやさしい心を育てるには、とてもよい場となります。

そのボランティアの方に話を伺ってみると、本選びにはとても気を遣うといいます。そのクラスの子供たちに合ったもの、そして、季節を考えて、時節も考慮するとのお話でした。読んでいる時の子供たちの様子や読み終えた後の反応は、すごく気になるそうです。子供たちの反応がよいときは、とてもうれしくて、その日がとても軽やかな気持ちで過ごせるというくらいですから、力の入れようが想像できます。こういった方々に読んでもらえる読み聞かせによる影響は、大なるものがあります。

ゼロ歳児から音楽を聴かせたり話しかけたりします。いずれもよい取組に違いありませんが、読み聞かせも取り上げてはいかがでしょう。読んでやる本は発達段階に応じたものを選んでお好きなものでよいと思いますが、手軽なのは日本や世界の童話です。童話は子供にわかりやすく、お話しの世界に入り込めるよう、親しみやすく書かれており、想像力を養う意味でも適しています。

私の子供の頃は母や父は忙しく、読み聞かせはしてもらえませんでしたが、母の実家へ行くと、祖母が寝る前に語り聞かせてくれました。「さるかに合戦」や「かちかち山」の話を繰り返し聞かせてくれました。祖母の語りに引き込まれ、話が終わると、もっと聞かせてほしいとせがんだのを覚えています。

我が家の場合は、妻がその役割を引き受けてくれました。勤めながら家事や育児をこなす日々で、自分の時間はないくらいでしたが、読み聞かせは手を抜かずやってくれました。子供が寝るころになるといっしょに布団に入り、物語を一晩にひとつ読んでやっていました。もう一つとねだられても、寝させるのも大切ですから、それ以上は読みません。妻はこうして読み聞かせを、幼稚園を卒園するまで三人の子供に対してやり遂げました。病気など特別な場合は別として毎晩、実行してくれました。

妻にすれば、たいへんだったというよりは、本人も楽しかったし、聞いてくれているときの顔を見ていたら、やめられなくなったのかなと、勝手に想像しています。

三人の子供が物語の中に入り込み、笑ったり怖がったり、泣きそうになったりする顔が、ついこの間のことのようです。

読書のススメ

「どうしたら本を読んでくれるようになるで

しょうか」教師をしていると多くの保護者から受ける質問です。何とか本を好きになってほしいという親の願いはわかりますが、たいていはあまり努力をしていない場合が多いようです。

私はそんな保護者には「親子で読書の時間をつくってみてはどうですか」と提案してみます。親が読んでいると子供も読むようになる場合もかなりあって、やってみる価値はあります。実行されると、その後、読書について話題にはしてきません。

読書は「本が読める」環境を整えてやる必要があります。はじめから本が嫌いという場合はむしろ少ないのです。読まなくなる環境があったからです。身の回りに本があり、本が読める静かなスペースと時間を確保してやることは、最低限必要でしょう。その上でもうひと工夫あればいいわけです。方法はいろいろあるかもしれませんが、私は、読み聞かせの段階を終えたら、親子で読む「親子読書」をお勧めします。

親子読書といっても並んで同じ本を読むわけではありません。「親も本を読む時間だよ」という環境をつくり、親も読書するのだという姿勢を示すのがポイントです。ですから、この時間は読書以外は何もしません。テレビを見るとか何か食べるとか、一切しません。読書の時間でしかありません。たとえば無人島に行ったとします。そこにはテレビも遊び道具もありません。本しかないとしたら、本嫌いな子も本を手にとる、そんな感じです。

近年、学校でも読書指導に力を入れるようになっています。〝朝読〟などと称して、授業の前に、一斉に本を読む時間を設定する学校が増えています。読書の習慣が付くと、読む力はもちろんですが、ほかにも大切な力の育ちが期待できます。例えば、

・書く力　・話す力　・知識（物知り）　・思考力　・判断の基礎

いかがでしょう。身の回りにいらっしゃる、たくさん本を読んでいる方でこれらに優れた方に思い当たりませんか。私はこれらに加えて、心豊かな育ちが期待でき、子供たちのその後の人生を、より豊かで意義のあるものにするのではないかと思っています。人格形成の上でも、とても大きな働きをするにちがいありません。

一日の中でこういった読書の時間を設けることによって、読書の習慣ができます。最初は忍耐、根気が求められますが、とにかく挑戦しなければ始まりません。それから得られるものは、親にとっても子にとっても大きいと信じてください。

今に生かす江戸しぐさ

学校教育では様々な目標を立て、子供たちの成長に期待します。そんな中でやさしさや思いやりを重視する学校は少なくありません。延いては誰に対しても、仲よく同じように接することのできる社会人に育てるのは、とても大切です。これは、子供たちに「人にはやさしくしましょう」「誰とでも仲よくしましょう」などと口で言うだけでは足りません。実際の行動のあり方を教えていく必要があります。

例えば、江戸しぐさです。江戸しぐさは子育てにおいて参考にしたいもののひとつです。生活の中で江戸しぐさができる人に出会うと温かくやさしい気持ちになります。雨降りに、すれちがいざま傘と傘がぶつかりそうになるときがあります。その時にちょっと傘を反対側にかたむけて、相手に失礼にならないしぐさを傘かしげといいます。

私はこの傘かしげを知人のお年寄りから教わりました。以前、江戸しぐさが書籍やテレビ番組等を通して話題になったこともありました。その中のひとつです。たぶんお年寄りの方々はことばを知らなくとも、幼い頃から身に付いているしぐさでしょうから、ごく自然に振る舞えるのだと思います。私は子供の頃、そういう年代の方から学びました。

ひと昔前ならせまい道で車がすれちがう際に、先に止まって道を譲ってあげるのが当たり前でしたし、譲ってもらえばありがとうの意味を込めて、軽くクラクションを鳴らしたり手を挙げて挨拶したりしたものです。しかし、近頃はそういった光景はめっきり少なくなった気がします。人情味が薄れてきたとでもいいましょうか。世知辛い世の中になったものです。

もうひとつ感心させられたお話を紹介します。公衆電話での出来事です。近頃は携帯電話の普及がすごくて、公衆電話を使う機会はめっきり少なくなりましたが、その公衆電話を使った70歳過ぎのご婦人の振る舞いです。

楽しそうにお話しをなさっていたご婦人ですが、しばらくすると公衆電話を使おうとする方が後ろにつかれました。みなさんならどうしますか。そのまま話し続ける方もいらっしゃるでしょう。そのご婦人は後ろの方に気付き、相手の方に「……公衆電話ですのでこれで失礼します。また後ほどかけ直します」といって電話を切りました。後ろの方を気遣ってのことです。

私はこういった行動から、日本人が失いかけているものを知った気がしました。誰が後ろについて待っていようとお構いなしの光景を見慣れてきたせいか、とてもすがすがしい気持ちになります。相手を思いやる大切さがあらためて学べました。

傘を外側に傾けて、すれ違う人が通りやすく濡れないようにしてあげる「傘かしげ」は実行しやすいよい例です。

子供たちもうっかりやってしまいそうな、足を踏まれてしまった行為に対しては「うかつあやまり」があります。足を踏まれても自分から謝り、場の雰囲気を保つことを幼いころから学べば、心豊かなやさしい人になるでしょう。また、肩引きといって、歩いて人とすれ違うときに左肩を路肩に寄せて歩きます。電車やバスに乗ったときに座る人のために、こぶし一つ分腰を浮かせ席をつくる「こぶし腰浮かせ」もあります。「逆らいしぐさ」は、しかし、でも、と文句を並べ逆らわない、年長者に配慮するという行為です。子供たちに教えてやればよいと思われる行いは多くあります。

悪口は子を汚す

人がやさしい気持ちになれるのは、やさしさに接しているからでしょう。荒々しい環境や殺伐とした人間関係の中では、なかなかやさしくはなれないものです。人の悪口を聞かされるというのもそれに当たります。

話している本人は多分すっきりするのでしょうが、聞かされる方はたまりません。悪口を言う人を嫌いになる場合もありますし、不信感をもつ場合だってあります。よくないのは、いつも聞かされているとだんだんその気になって、悪口にマヒしてしまい、同じようにふるまうタイプにしてしまう可能性があることです。子供のその後の人生においてはマイナスでしかありません。

関わりの深い身近な他人という存在は、ひとつ間違えると悪口を言われやすい存在です。そのよい例が学校の先生でしょう。我が子が通う学校の先生のことは、子供を通して情報が豊富で伝わりやすいものです。その上、先生は悪口を言われてもことを大きくしたり、反撃したりはしないだろうとの意識が働くからでしょうか、言いやすいようです。子供が「○○先生はえこひいきする」「教え方が下手だから、勉強がわからない」などと言えば、事実に反して「どうもあの先生は信頼できない。何か頼りない感じがする」「教え方が下手な先生なんてやめたらいいのよ」と過激な反応になる可能性だってあります。

かつての私の同僚にとても指導が厳しい先生がいました。算数の九九や新出漢字などは身に付くまで徹底的に指導しますし、集団の秩序を乱す行為には毅然と対応します。方向としては間違っていないのですが、やり方がまずかったのでしょうか、そのクラスの保護者が学校へ抗議しにきました。「担任を替えてほしい。子供がかわいそう」「あんなに厳しくしなくてもやり方があるでしょう」など批判が飛び出してきました。

この一件は担任が改めるべき点は改めて、クラスをしっかりまとめていくと約束したことで収まったのですが、私にはこの件でまずいなと思う点がありました。それは、保護者から出た担任の悪口を子供たちが知っていたことです。これは教育上よくないと思いました。これでは、担任が反省し改善しようとしても、クラスがなかなかまとまりません。親から聞いた悪口がしっかり刷り込まれたため、担任と子供たちの間に、溝ができてしまいました。これは子供たちにもけっしてよくありません。プラスに向かうような話ならともかく、尾ひれまでついてしまうと、教育を進める上で支障となります。

判断力が未熟で人格を形成するための大切な時期に、こういった事態は避けなければなりません。人を批判的に見るばかりの姿勢が身に付いてしまう危険があります。私は、教師である者すべてが人格者で、その職に適している者ばかりであるとは考えていません。残念ながら問題のある教師がいるのは事実です。そのような人に巡り会ってしまったら、正面から堂々と批正するのは時には必要でしょう。ただ、それは大人の間ですべき行為で、子供を巻き込む言動は慎むべきです。我が子がかわいいからこそ、将来を考えてそうすべきではないかなと思うのです。

見せてはいけない夫婦げんか

子供にとり夫婦げんかはとても悲しい出来事です。親が考えている以上に、子供にとり深刻です。理由があってけんかをするのですが、子供にはどちらも好きな父と母の仲違いは見たくありません。場合によっては相当なショックを受ける場合があります。父と母が汚い言葉で罵り、責め合う姿が目の前にあるのですから当然でしょう。子供は自分まで責められている気持ちになる場合さえあるでしょう。同じ屋根の下で暮らせばけんかもあるでしょうが、少なくとも子供の前でするのはやめなければいけません。どうしてもせざるをえない状況になっても、見させないように聞こえないように、と最低限の配慮は、親としてすべきです。それができなければ、それは子供のけんかです。

フランスの哲学者であるオーギュスト・コントは「男と女という、こうも違ったたまた複雑な人間の間で、互いによく理解しあい、ふさわしく愛するために一生を費やして長すぎることはない」とすてきな言葉を残しています。

コントは人間や集団を研究する学問の「社会学」という語を作り出した人です。後のカントやマルクスなど巨匠にも影響を与えました。このコントの言葉は私たちにとって貴重です。夫婦はお互いを尊重し合い、一生をかけて愛し合うことを教えてくれているように思います。子供は親のこういった姿のもとで、すくすくと育てられなければなりません。そして、そういう環境においてやるのは親の義務といえましょう。

Tさんという用務員の方がいました。Tさんは50過ぎの小柄でよく気がつく働き者でした。まじめで誠実を絵に描いたような人で、黙々と仕事をこなしていくタイプです。ある宴席で同僚がまじめなTさんを冷やかそうと質問しました。「今の奥さんとのなれそめを聞かせてください」と。私たちが予想していた答えは「お見合いで」とか「よく覚えていません」など地味なTさんのイメージらしいものでした。

ところがTさんの答えは意外なものでした。それは「一人で生きるよりは二人で生きたほうが生きやすいと思ったからです」というものです。この言葉をどうとらえたらよいのでしょう。あれから30年以上経っても忘れられない言葉です。重くのしかかるという表現がありますが、まさにそうでした。これを打算的、冷めた結婚とは捉えられないからです。夫婦げんかしたって何にもならない、目の前の妻や夫、子供のために生きていくしか考えられないのですから。まだ、貧しかった時代の日本で、二人で手に手を取って懸命に暮らしてきたTさんの生き方や考え方が伝わってくるようでした。

私はクリスチャンではありませんが、教会の結婚式で聞くあの言葉が好きです。

「その健やかなるときも、病めるときも、喜びのときも、悲しみのときも、富めるときも、貧しいときも、これを愛し、これを敬い、これを慰め、これを助け、その命ある限り、真心を尽くすことを誓いますか」

親の犠牲は必ず報われる

子は親の背を見て育つといいます。特に親が一所懸命に働く姿に子供は心を打たれます。中でも、父親や母親が自分のために、犠牲になってまでしてくれることには感動を覚えるとともに、感謝の気持ちが生まれるでしょう。そういった中からもやさしい気持ちが育くまれます。ですから、着るものも着ず、食べるものも食べずの精神を古いなどと言わないで、そのぐらいの気持ちは常に持つべきだろうと思います。

ところが、これができそうでできない親がいます。「なんで子供の犠牲になってまで苦労しなくちゃならないの」と考える親さえいる時代です。でも、親が自分のほしいものを我慢し、したいことも控えることで子供にしてやれる幅を広げてやらなければなりません。それは、学習面かもしれませんし、文化芸術面かもしれません。また、衣食住全般の中で心や身体によいことをしてやる場合もあるでしょう。

スポーツ好きの知人は、ゴルフ、テニス、スキーと1年を通してスポーツ三昧。腕前もかなりのものです。そのため費やす時間とお金はなかなかのようです。それでも家族を連れていくならいいのですが、上達のためにはじゃまなようで、競い合い腕が磨ける相手としかやりません。こうなると子供と親との信頼関係は薄くなりますし、延いては愛情という点でも問題が出てきます。たまに埋め合わせと称し、遊園地や食事に連れていったところで後の祭りです。子供の精神構造は、大人が考えているほど単純ではありません。このような家庭にあって、やさしい子供に育てるには無理があります。

私が接してきた二組の正反対の親子の例を紹介します。

朝早く起きるのが苦手なお母さん。毎日仕事には行くのですが、ぎりぎりまで寝ていたいそのお母さんは、朝ごはんをつくる時間があるなら、その分を睡眠に充てるといった生活です。ですから、子供は学校ではいつもお腹をすかせ、給食で栄養を摂っている有り様でした。また、子供だけでは用意できない、学校に必要なものにも無関心でほったらかしでした。

身体に障害がある子供をもつお母さん。子供は学習の理解にかなりの時間を要しますし、服を着たり食事を摂ったりするにも多少の介助が必要です。放っておいてもそれなりに生活ができる子供でしたが、少しでも成長させようとお母さんの努力は毎日続きました。仕事をもっているお母さんでしたが、家庭での学習は付きっきりで教えました。生活に必要なことは何から何まで、根気強くやって見せてやらせていました。おかげでお母さんは自分の時間はまるでなく、化粧をする余裕さえありません。

親であれば子の犠牲になるのは当たり前ですし、子供のために親の自由が制約を受けるのはごく自然な姿でしょう。それを覚悟で子供が授かったと思わなければなりません。むしろ喜びです。子供がほしくてもできない人がたくさんいるのですから。

Mさんの話

Mさんは文字通り着たいものも着ず、食べるものも食べない生活をしてきた方です。貧しかったのでそうせざるをえなかったのですが、私はこの方を忘れられません。

Mさんには二人の子供がいました。二人とも私より年上の兄妹で、子供の頃はいっしょによく遊びました。そのMさんは私にいつも声をかけてくれ、かわいがってくれました。Mさんは夫と早くに死別し、女手ひとつで二人の子を育ててきました。収入は少しの農地からとれる米や野菜のほか、農閑期の土方仕事から得られるわずかなものです。ですから、子供だった私から見ても貧しさは一目瞭然でした。私が子供だった昭和30年代は、今のように豊かではありません。衣食住のどれをとっても、現代とは比べようのない暮らしぶりであったと記憶しています。ただ、当時は周りがみんなそうでしたから、どうということはありません。しかし、Mさんはそんな時代にあっても貧しさが伝わる暮らしぶりでした。

小さな家はトタン張りです。窓が少なく照明も足りないので、家の中は昼間でも暗く荒んだ印象を与えます。台所も便所も衛生的とはいえず、使いたくないなと感じさせるような趣でした。今の若い人たちには、耐えられないでしょう。食べるもの、着るものも推して知るべし、というところです。

Mさんは働き者でした。私は働いている姿のMさんしか見たことがありませんでした。女の体力で農作業をすべてこなし、残りの時間は日雇いの土方仕事に汗を流す、そんな姿です。朝に見かけても夕方に見かけても働いていました。「この人はいつ休んでいるのだろう」子供心にそう思ったものです。しかし、明るく大らかな性格だからでしょうか、苦しいとか辛そうといった顔の記憶がありません。顔を合わせれば、必ず声をかけてくれたり微笑みかけてくれたりするそんな方でした。

そのMさんを二人の兄妹は、よく手伝っていました。農作業のほか、家事全般、大人の仕事ともいえる少し危ないような仕事でも、力を合わせてやっていました。お兄さんの方は気は優しくてたくましく、妹さんの方は我慢強くきめ細やか、そんなイメージです。ですから、誰にでもやさしく好かれる兄妹でした。貧しいみなりで肩身がせまいだろうに、などと考えがちですが。明るい兄と妹でした。元気があって遊ぶときは中心になって、皆と楽しみます。川へ泳ぎにいったり林の中で隠れ家を作ったり、田んぼで野球をしたりと思い出は数知れません。私は年下でしたので後からついていくのですが、遊び方を教えてもらい、危ない目に遭いそうになると助けてもらうこともありました。

今は、お二人とも結婚され幸せな家庭を築いていらっしゃると聞いています。あの母にしてこの子ありと、私が子供を育てる上で、お手本のひとつになる家族のあり方と思っています。

大切な叱った後

親が子を叱るのは当たり前です。子育ての中で必要な時に、叱ることなくして健全な成長はありません。ところが、最近では叱らずに、和気あいあいと友達のような関係がよい親子関係と勘違いをしている親がいて困ったものです。他人に迷惑をかける場合があるのにと思うのですが、そういう方も存在しています。また、叱って親子関係がくずれると考えるなら、親としてのあり方を根本から考え直してほしいとさえ思います。

それはさておき、大切なのは叱った後に、親としてどのような行動をとるかがやさしさにつながる決め手です。これがなかなか難しいのですが、機嫌を伺うような感じでもいけませんし、高圧的な態度もよくありません。ここは親として知恵の出しどころです。もちろん、叱るべきであると判断したから、叱ったのであって、それはそれで堂々としていればいいと思います。ただ、伝わる子供には伝わるでしょうが、親子とはいえ、微妙な人間関係になる場合だって十分に有り得ますから、対応の仕方を簡単

にまとめるのは難しいとは思います。ですが、親として、ここは叱るべき、子供にとっては叱られて当たり前というようにもっていくのが前提であり、基本ではなかろうかと思われます。

私の父はとても厳しい人でした。朝寝坊や夜更かしなど生活のリズムを崩すような生活態度は絶対に認めませんでした。漫画を読むなら、読む本はほかにあるはずと買ってもらえませんでした。冬の寒い日にこたつで食事をするのは行儀が悪いと許してもらえません。ストーブがない時代です。いつか暖かいところでごはんを食べたいという、ささやかな願いをもっていたのを覚えています。友達がもっているような文房具や遊び道具は、よほどの必要性がなければ買ってもらえません。友達に映画や買い物に誘われても、それは学校で禁止されているはず、と行かせてもらえません。服装についてもうるさかったのを覚えています。とにかく、父は中途半端なしつけはせず、叱る時には妥協しませんでした。

中学生や高校生の頃は何度も家出をしてやろうと考えたものです。「こんな親のところにいてやるものか」そんな気持ちは、かなり本気でした。

それがどうして実行しなかったのか。気が弱かったというのもあったかもしれませんが、やはり父の愛情でした。厳しい父でしたが叱責や小言の後は、いつも私がほろっとするような言葉を投げかけるのです。「ごはんだぞ」「風呂へ入ってこい」と、叱られた父に言われると妙にすなおな気持ちになりました。父もはがゆいだろうに、キャッチボールでもするか、などと接してこられるとやっぱり「うちからは離れられないな」と思ってしまうのです。

父の姿勢はいつも変わりませんでした。母にも妹たちにも厳しい父でしたが、とてもやさしい父でもありました。それは、孫である私の子供たちにも同じでした。子供たちも父を尊敬しているようなので、私としてはうれしく思っています。

手を出す愚かしさ

叱っていると手を出したくなる場合があるかもしれません。我が子を殺めてしまう親もいますが、これは論外でお話になりません。それは親であるどころか人のあり方の根源に関わります。ただ、子供の言うことやすることに腹が立って、思わず手を出してまったという経験がある方はいらっしゃると思います。厚生労働省が「愛の鞭ゼロ作戦」なるものを呼びかけているくらいですから、社会問題として現実のものとなっています。

私は子に手を出すのは一生に一度あるかないか、と考えています。手を出す行為は、出されたものにすればショックな出来事ですから、そこに生まれる感情は計り知れない親の想像を超えたものになるはずです。できる限り手を出さずに対処すべきです。手を出すほどのことをしたのは親が悪いのであって、親に責任があると思えば接し方は違ってきましょう。

手を出す叱り方は、その後に触れ合おうとしてもなかなか難しいものです。手を出された側は、「手を出された」という行為だけが頭の中に強く残っていますから、かなりやっかいな状況です。感情を抑えたり判断したりする能力の低い幼い子ほど気をつけなければなりません。恐らく、大人になっても忘れられない辛い思い出になるにちがいありません。手を出し、後に残るのは後悔ですから、後々を考えて、愚かな行為は慎むべきです。

特に、幼い時に体罰を受けて、心や体に傷を負った子供への影響の大きさは計り知れず、幼児期であれば恐怖心が残りますし、心の奥底には親への反発や憎しみが増幅するに違いありません。さらに、今度はその子供自身がいじめをする側になるなど攻撃性が強くなるのは十分に予想できますし、場合によっては、非行に走るなど反社会的な行動をとることだって考えられます。ひどい時には、精神を病む場合もあり得ます。無論、やさしい子供に育つなど空しい願いといえましょう。

私が担任をしていたある男の子は、たいへん元気で活発でしたが、ある時期を境に、伏し目がちの生活になり言葉数が極端に減りました。それからしばらくして、髪が抜け始めました。日に日に抜け方が激しくなって、部分的につるつるになってしまいました。そして、それは抜けたのではなく自分で抜いていたのだということが、その子からの聞き取りで分かりました。理由はなかなか言わなかったのですが、しばらくしてから親からの体罰であると分かりました。抜いているときは痛くないらしいのですが、髪が抜けた頭は痛々しく見ていられません。

大人との温かくやさしいかかわりの中で生活していれば、安定した心が育っていくのでしょうが、このケースは正反対でした。やがて、自信はなくなり他人への不信感さえもちます。多動になりコミュニケーションが苦手になってもきます。体罰によって得られる良い効果というのは、ないのではないでしょうか。

親のめんどうをみる

親の面倒について、トラブルを招く事例を見聞きします。年老いた親を兄弟姉妹で押しつけ合う、といった醜い争いもあるようです。

儒教の世界では、親のめんどうを子がみるのは当たり前とされています。自分を生み育ててくれた親と終生過ごし、面倒をみるのに何のためらいがあるのか、問題があるのか、という考え方です。

儒教は中国の戦国時代の孔子に始まる教えです。日本もたくさんの影響を受けています。学校の教室で交わされる「礼」とか、義理堅い人だ、のように使う「義理」、親への「孝行」など、儒教に関連深い言葉が私たちの生活に根ざしています。

孔子は特に「仁」というものを重視しました。「仁・義・礼・智・信」の仁です。

この五文字が名前に使われている方は、たくさんいらっしゃいます。「仁はその字のとおり「人が二人いる」ことを表し、人が二人いるときの感情を示しています。そして、仁の基本は「家庭において親に孝行をつくし、年長者によくしたがう」ことから始まり、「それが人を愛する」に結びつきます。

私は儒教を深く学び、強く傾倒しているわけではありませんが、このような考え方に違和感はありません。子が親の面倒をみる、その子は次に自分の子に面倒をみてもらう、ごく自然ではないかなと捉えています。あらためて考えてみると、人としての思いやりやさしさに直結していて、人間らしさの基本とさえ思えてきます。

さて、子供たちが人の面倒を見るのをみてきた、あるいは自身が何かしらの世話をしたという生育歴はとても重要です。その後のその子の人生観を大きく左右すると思われます。家族が困っている人を助ける場面や、ご近所の手伝いをしてあげる場に出くわしたり、家族の中に病人が出て、献身的に看病する等に接したりするのがそうです。お隣さんに料理のお裾分けをする家族の姿もいいものです。

こういった体験は、こんな時にはこうするものだなと子供心に学習し、いつしか自然な形で言動として出てきます。人の役に立ったり世話をしたりする経験が大人になったときに生きるはずです。

2　正しいことができる子に

幼い時から冷たく放りっぱなしにせよ
欲しいと言ったら何でもすぐに買い与えよ
間違いや失敗は理由を問わず叱り飛ばせ
どこで何をして遊ぼうが気にとめない
よその子や兄弟と比較して「おまえはばかだ」「誰々を見習え」を連発せよ
忙しいのに食卓の団らんなど無駄なことをするな
よいことや努力をしてもめったにほめるな
子供の前では決して夫婦間の意見を一致させるな

お金こそすべてと身をもって教えよ
子供の前で常に法律、警察、学校、役所の悪口を言い、社会のきまりや公共機関への敵意を植え付けよ

子供を非行化させるコツです。少年院で伝えられてきたものだそうです。そして、夫婦仲悪く憎しみあい、できれば不貞を働き、エゴをむき出しにすれば、非行化が効率よく進むとあります。

子供が良識をもって社会生活を送っていけるかどうかは、家庭あるいは親にかかっているといっても過言ではありません。「親の背中を見て子は育つ」というくらいに親がどんな生き方をしているのか、そしてそれをどんな姿でみせるかは子育ての大切な要素です。

子供にはわからないだろうとか、それほど影響はないだろうといった安易な考えや態度はよくありません。冒頭の「非行化のコツ」を極端などと思わずに、もしかした

らそれらに近いことをしていないか、振り返ってみる必要はないでしょうか。

子供に必要な怖い存在

家の中に怖い存在がいますか。ひと昔前なら「地震、雷、火事、親父」と家庭にあっては父親でしたが、現在はどうでしょう。怖い存在がないのもめずらしくなくなってきているようです。子供にとって怖い存在とは、ただ恐ろしいだけのものではありません。正しく導くための存在です。

「学級崩壊」が問題とされて久しいこの頃です。私が教師になった頃はこのような語は、あまり使われていなかったように記憶しています。中学校ではいわゆる〝つっぱり〟が学校内外の秩序を乱し、中学校の教師はたいへんな苦労がありました。しかし、小学校の児童が学校や教室を荒らし、授業が成立しないというのは稀でした。

ところが近年、あちらこちらの学校でそのような傾向が見られ、その実態はマスコミ等により広く知られています。授業が始まっても席に座らない、大声や奇声を発する、指示に従わない、児童生徒が教師に暴言をはき暴力をふるう、といった実態が全国各地で報告されています。児童生徒が教師の言うことをきかないのですから、集団生活は成り立ちません。まじめに学校生活を送ろうとしているものにまで悪影響を及ぼしています。

こうなった原因は単純ではないと思われます。教師の資質もあるでしょうが、社会環境の変化、それに伴う親の多様な考え、小学校に入るまでの育ちなど様々です。しかし、どんな理由があろうとも教師が授業をしっかりやって、良識ある社会の一員として、子供たちに接していればほとんどの場合、このようにはなりません。子供たちは大人のことをとてもよく見ているからです。だらしないとか頼りないとか、約束を守らない教師は子供たちに人気はありませんし、時にはばかにされる場合さえあります。

ただ、「怖さ」を、子供たちに恐怖心を植え付け、力尽くで意のままにするという意味で捉えられては困ります。つまり、子供たちに必要な怖さというのがあります。もちろんやさしい投げかけで集団生活や社会の一員として適応してくれればいいのですが、面倒だとかばかばかしいなどと取り組まない子供は存在します。社会のルールに従わない子供もいます。こういった子には、世の中は自分の好きなようにやっていても通るのではない、と教えてやらねばならない場面が出てきます。例えば、友達の心や体を傷つけるような行為、明らかに周囲に迷惑をかけ、他の人が困るような場合を考えるとわかりやすいと思います。こんな時にしらぬ顔をしたり気のつかない無神経な大人がいたりすると、子供の成長には明らかにマイナスです。

ですから時と場に応じた毅然とした態度はとても大切です。そうしないとその子供はいけないことに気づかないまま、あるいは平気なまま大人になってしまう可能性があります。大人の責任は重いと覚悟して子供に接しなくてはなりません。もちろん厳しく接した後のケアは大切です。叱りっぱなしや強い指導で終わってしまうと恐怖心、反抗心だけが残りかねません。子供には自分の行いをよく考えさせる時間を与え、大人は叱ったあとのやさしさや愛情を示すのでなければ、怖さの効果はありません。

勘違いの愛情

「親の言うことをきいてくれません」「わがままで困ります」小学校でわりあいよく

受ける相談です。小学生のうちから言うことをきかなかったら、反抗期や思春期を迎えるようになったらどうするんだろうと心配になります。「なんで親の言うことをきかせないのですか」といいたくなる例もかなりあります。もしかすると小さい頃から、親が何でも「はい、はい」と言うことをきいてきたツケが回ってきたのでしょうか。中には、一所懸命生きる姿を見せる（こういう方は見せようと思っているのではないのですが）ことで範を示し、子供はその姿に感じ入り、心打たれて、親の歩んできた道を歩む場合も数多くあると思います。

しかし、必要な時期や場面で、親を「怖い」存在であると示して、正しい方向に導く方法をとらざるをえない場合は出てくるかもしれません。ただ、厳しい面があっても、子供が愛情を感じてくれるようにすれば、ついてきてくれるのではないかと思うのですが、いかがでしょう。

その愛情の示し方は、少し考えなければなりません。ある不登校の子供の親は、その愛情を親子いっしょに、テレビゲームで過ごして示そうとしました。声をかけてもろくなやりとりにはならないし、何かさせてみようとしても、手をつけようとしません。親として、何に関心があって、何をどう言えば会話になるのか、やりたいものは何なのか、分からないことばかりで、結局、解決の見通しが何一つもてないまま、途方に暮れるばかりの毎日でした。

そんな時、仕事から帰った父親は、我が子が生き生きと楽しそうにしているのは、テレビゲームをしている時であると気付きました。それなら、父としてそれに付き合ってやるのが務めであり、立ち直りの道筋が見出せるのではないかと考えました。そして、自分もいっしょにやることにしました。結果、子供の健全な成長のため得られたものは、ありませんでした。

この親子には、ゲームをしている間は、会話はほとんどなく、ただ父親がたまたま隣に座っていただけにすぎません。不登校のその子にとって、ゲーム中に隣にいるのは父親ではなく〝もの〟でしかありません。下手をすれば、父親の存在に気付いておらず、一人の世界に入り浸っていた可能性だってあります。

結局、改善が見られぬまま不登校は続き、家でも勉強はまったくしません。勉強どころか、人間らしく話したり、子供らしい素振りを見せたりすることもなく、時が過ぎていくばかりでした。父親はゲームをして元気で楽しそうにしていてくれればいいとの考えでしたし、それに対する批判には耳を貸さないようなところもあったので、当然の結果といえるかもしれません。

親として努力や工夫には、時間も苦労も必要ですが、いっしょに本を読んだり遅れている勉強をみてやったり、あるいは今日の出来事など、何でもいいから話を聞いてやることはできなかったのでしょうか。気持ちの入った働きかけが足りなかったように思えてなりません。

厳しさに背を向けない

悪さをした子供を近所の大人が叱ったら、その子の親がどなりこんできたと話題になりました。万引きをした子供の親が警察に行って、お金を払えばいいのだろうと開き直るのに似ています。あまりに自己中心的なふるまいにあきれるばかりですが、だんだんと珍しい話ではなくなってきているようですから、困ったものです。

いつの頃からか、他人を叱るといった行為が、どんどん少なくなっている気がしています。もちろん、正当な理由があっての「叱る」ですが、それであっても見かけることはなくなってきているなという印象です。前述のような社会背景なのか心の移ろいなのか、いずれにしても寂しい気持ちにさえなります。また、間違ったことを注意しただけなのに、殺傷事件に及ぶ事例が拍車をかけているのかもしれません。家庭でも叱られることの少ない実態が伺えます。親の無関心や少子化による甘やかし、叱る感性の欠如など原因はいろいろ考えられます。

「かわいい子には旅をさせよ」といいますが、こういった考え方は通用しづらくなりました。かわいい子には苦労させたくないし、辛い思いをさせたくないのです。いつも楽しくやさしさに包まれた中で、人生を送らせたいと親は願っているのです。それはそれで当然の思いでしょう。しかし、残念ながらこの世の中は、山有り谷有りで、たいへんで困難がいっぱいです。自分の思うとおりになるなどそうありません。これまで経験がない仕事を任されたサラリーマンが、ノイローゼになったなどの話は特殊な例ではないようです。

悪さをした子供を近所の人が叱る、これを憎さと捉えるのは悲しいではありませんか。愛情と捉えられる場合だって、たくさんあるに違いありません。これでは叱ってやったほうがいいと思ったときでも、叱れなくなります。その結果、自分のことだけを考える社会性の乏しい、そして正しい言動がとれない人間にしてしまいます。

私の子供の頃を思い起こしてみますと、確かに、怖いおじさんがいました。自転車の二人乗りをしていたら、事故にあうぞ、と注意されたり、水田の取水口をいたずらすれば、こっぴどく叱られたりもしました。カエルを投げて遊んでいたときなどは、かわいそうなことをするもんじゃない、とたしなめられたときもありました。考えてみると、ほとんどは多くをくどくど言わず、一言二言で終わっていました。そんな時は妙に、恥ずかしかったり自己嫌悪に陥ったりしたのはなぜでしょう。そして、すなおに聞けたのも不思議です。こういった経験は、成長していく上で、私にどんな影響を与えたのかは分かりませんが、よい方向に向けられたのではなかったかなと思えるのです。

全国各地では、地域ぐるみで少年の非行防止や健全育成の運動が繰り広げられています。行政や学校、ＰＴＡ、市民団体など様々な人たちが努力しています。でも、近所にしっかり注意したり、温かく声をかけてくれたりする人たちがいれば、必要がなくなるかもしれません。

子は親の鏡

子は親のすることを真似して育ちます。我が子を見ていても、私の悪いところばかり似て、と反省させられるばかりです。「子は親の鏡」とはよくいったものです。よいことは真似をするのにかなり努力がいりますが、悪いことや欠点は簡単に真似されてしまうのが怖いところでしょうか。

非行化のコツほど過激ではなくても、社会のきまりを守らない大人が多いのにはがっかりします。

私は時々山歩きをしますが、その中にはミズバショウの群生地が何か所かあります。ミズバショウは、清流にあって純白の仏炎苞がその清楚さを醸し出しており、「夏の思い出」で歌われていることでも有名です。開花時期には、大勢の観光客で賑わいます。私もその美しさを求めて出かけたのですが、そこで驚きの光景に出くわしました。

ある親子連れが楽しそうに散策していました。その時歩きながらたばこを吸っていた父親が、ミズバショウの群生に流れ込む清流に、吸い殻をぽいと捨てたのです。とても澄んで清らかな流れの中にです。そんな中に吸い殻を捨てられる神経が全く理解できませんでした。傍らには子供がいます。父親のこうした姿を見て育つ子供は、どんな大人になるのでしょう。

また、よく見かけるのが車による信号無視です。黄色で走り抜けるのは当たり前で、赤であっても突っ切る車も珍しい光景ではなくなりました。こういった車に乗り合わせている子供が大人になったとき、何かしらの形で悪い行動として出てくるに違いありません。

大人の行儀の悪さといいますか、マナー違反は違法行為につながる場合さえあり、健全な子育てには大変な悪影響を与えることを、大人はしっかり認識しなければなりません。子供の判断力や実践は、大人の言動から得ている場合がとても多いのです。

近頃は「毒親」なる言葉を見聞きにするようになりました。強烈な単語ですが、近年の目に余る、あるいは正視に耐えられない、場合によっては、筆舌し難い親の言動の実態から分かる気はします。場合によっては、「毒親」の言動をモデルとして、子供が無意識のうちに毒になる行動を真似る可能性は、繰り返し強調したいところです。幼児期や少年期において、毒のある行動に対ししっかり距離を置き、正しく考え行動できるというのはなかなか至難ですから。

「ダメなものはダメ」と言えない親がいます。子供に遠慮しているのか、言うタイミングが分からないのか、あるいはいけないと親自身が気付いていないのか、理由はどうあれきちんと間違っている点を教え、諭さなければなりません。「親の背を見て子は育つ」と言いますから、親としての姿勢を毅然と示す必要があります。

幼児がほしいものがあるのに、買ってもらえないというので店先でだだをこねている姿を見かけます。困ったような顔してなだめすかし、なんとかあきらめさせられないかと孤軍奮闘のあの場面です。きっと、普段からわがままを許したり、かなり好きにさせたりしているのだろうと想像してしまいます。日常の些細なことを、このぐらいならと認めてしまうつけがこういった場に出てくるのでしょう。

学校では、保護者の心ない言動に閉口する場面に出くわします。

例えば運動会での写真撮影です。演技や競技の際にグラウンドの中にまで入って我が子の写真撮影に躍起になっている保護者がいます。こういった行為は教育活動としての運動会の妨げになりますし、健全育成上よくありません。子供は大人のそういった姿を見て、「こういうのも有りなんだ」と間違って捉え、意識に残してしまいます。それが芽生え、育ち、やがて行動になって出てきます。それを心配します。万事大人が手本ですから、判断する力が未熟な子供が、真似をするのを一概に責められません。やはり大人の責任はとても重いといえます。

授業参観での保護者のおしゃべりも困りものです。授業を参観しにきているはずなのに、親同士が会話に夢中で、子供たちが真剣に授業に取り組んでいる様子を見ようとしません。子供はそういった大人の姿に気付いています。そして、これではいけな

いと判断できればいいのですが、すべての子供がそうではありません。「そういうのもあっていいんだな」と、ここでもそういった態度が身に付いてしまいます。

「此の親にして此の子あり」といいます。優れた親の元でこそ、よくできた子が生まれる、という意味ですが、子供は親の性質を受け継ぐものだとも解釈できます。「子は親の鏡」ともいいますので、親の存在はとても大きいのです。

自分のことは棚にあげても

正直で誠実な方の中には、自分が幼いときにできなかったのに、子供にさせられない、またはだめと言えないと考える方がいます。確かにそういう考え方はありますし、人として大切な姿勢でしょう。

私の友人は、自分が勉強嫌いでそれからことごとく避けてきたのに、我が子に勉強しろとは言えないと、こと勉強に関しては何も言わずに通してきたといいます。わがまま好き勝手に学生時代を送ってきた別の友人は、息子が同じようにしていても注意できませんでした。ですが、そういった親の姿勢が我が子の成長を抑えてしまうと考え直してみてはどうでしょう。完全な人はいないでしょうし、親になるまでたくさん経験し学んで来たのですから、「自分の短所や過ちを活かした子育て」という考え方で子育てをしていいと思います。

私は子供の頃、家の農作業を手伝うのが嫌でたまりませんでした。少しばかりの米や野菜を作っていたのですが、農業は汗臭いし泥臭いし、何より友達と遊ぶ時間がなくなるのが嫌で、何かと理由をつけては避けようとしていました。嫌々ながらも手伝いはしましたが、母は私に手伝わせるのに不快な思いをしただろうと今になって反省する始末です。現在は、精神的にも肉体的にもいいと思い、けっこう進んでやります。農業から得られる知識や知恵、技術というのもかなりありますし、私にとってはとても有意義なものになっています。

時代が移り、私の子供はといえば、やはり始めの頃は消極的でした。体がきついし、自由な時間がなくなるからでしょう。そんなときの私のとる態度は「家の仕事を家族でやるのは当たり前」と強制でした。多少なりとも良心の呵責はありましたが、なまけものにしてはいけないと、自分の過去は棚にあげた態度でした。我が家の場合はそれでよかったと思っています。手伝わせなかったら、農業から得られる苦労の大切さや収穫の喜びを、味わわせられなかっただろうと思うからです。ですから、ダメなものはダメ、させるべきはさせる、そういう境遇に子供の頃から置くようにしました。

知人が自分の置かれているノンキャリアの境遇から、次のように話していたのが印象に残っています。「なんで、親は子供の時にもっと勉強しろと言ってくれなかったのだろう。別の人生が見つけられていたかもしれないのに」

一生を左右する幼児体験

小学校に入学したとき、すでに社会の一員としての一面が身に付いていると感心させられるときがあります。例えば、小学校に通う最初の日は入学式ですが、児童玄関に入ってくるときにかなり分かります。靴がきちんと揃えられない、挨拶ができない、公共の場なのに大声を出す、あちらこちらを走り回る等、指導しなければならない観点がはっきりしています。それらとは反対に、きちんと挨拶や返事ができたり、相手の目をしっかり見て話が聞けたりする子供を見ると、よく育てられているなと感心します。親御さんなど家庭の育て方によるものと想像できます。だいたい子を見れば、親は分かるというのは世間では知られた話ですし、当てはまる場合が多いように思われます。

近ごろは親の気質が変わってきたようでして、こんな例があります。入学式で受付の都合上、来賓用の入口と保護者用の入口を分けておいたら、ある保護者が来賓用の入口から入ろうとしました。こちらは来賓用の入口であると説明すると「こっちが近いんだし、入ればどっちでもいいでしょう」との返事。受付を手伝っていた6年生の子供たちと職員は顔を見合わせて驚いていました。

幼児期にどのように育てられたかは、その後の人生に大きく関わってくるのだと思います。親の考え方や態度が左右し、親が日常生活でどういった体験をさせるかが、決め手の一つです。「三つ子の魂百まで」とは幼少期の性格や性質は、年をとっても変わらないことをいいますが、私自身や私の周りにいる人に当てはめてみると、昔の人はうまいことを言ったものだと今更ながら感心します。「雀百まで踊り忘れず」というのもありますから、気を付けたいものです。

しかし、幼児期には手がかかり、目の前のことで精一杯。食べさせて、着替えさせてと、日々多くのことに追われる毎日で、しつけまでなかなか手も気も回らない、という向きもあるかもしれません。が、そこは親の努力や工夫で、子育てを進めていただけたらと思います。私からすれば、要となるいくつかのしつけるべきものを心掛けて、それらには妥協なく、繰り返し習慣付くまでやればいいのではないかなと思うのです。あれもこれもと張り切り欲張り過ぎでは、身に付くものも身に付きません。要が押さえられていれば、子供なりに応用が効いて、できるものが現れてくるはずです。

特に、挨拶ができる、ありがとうが言える、片付けられる、ほしいものが我慢できる、については、幼いうちに身に付けさせたい点です。

幼児期の体験、つまり生育歴は一生を左右すると肝に銘じて、子育てにあたってはいかがでしょう。

逃してはならないタイミング

正しいことができる子供にするには、日常生活の〝その時、その場所〟のタイミングを逃さずしつけるのが大切です。しつけるべきその時に、その場ですぐに実行しなければ効果は半減します。ですから、親としてこれはぜひ身に付けさせたいと思うしつけはおっくうがらずに言ってきかせ、場面に応じて行動に表せるようにしなければなりません。もちろんそこには親の手本が必要であるのは言うまでもありません。時折、親ができないのに、子供にだけさせる光景を見聞きしますが、これでは説得力がありませんし、習慣化させるには無理があるというものです。

よその家を訪問して、玄関の子供の靴がきちんと揃えられていると、しっかりしつけられているなと感心した経験があると思います。私は担任しているときは子供たちに「玄関とトイレを見れば、学校の様子が分かります」と教えてきました。玄関やトイレがきれいに掃除されている学校は、規律正しい学校であるばかりではなく、明るく活動的で心の豊かな子供たちが育っているものです。

家庭によってはくつが脱ぎ捨てられ、玄関がちらかっています。そうならないためにも幼い頃からくつを脱いだら揃えるよう、親は根負けせずに実行させなければなりません。しつけですから小さいうちが肝心です。小さいときほど期間は短くてすみますが、大切なのは「靴ぐらいいいか」の気持ちを親がもたない、子供にもたせないことです。こういった日常の身近な行いが他にも波及し、靴を揃えるだけではなく、様々な場面できちんと生活する態度が身に付きます。「履物を揃えれば、心も癒やされる」と心得るのがよいでしょう。

とにかく一日の生活の中で、こういった場面を逃さないことです。何から何までぴりぴりさせるのはよくありませんが、社会の常識は身に付けさせるべきでしょう。衣服を脱いだら部屋にちらかしっぱなしにさせてはいませんか、食事が終わったら自分の食器ぐらいは片付けさせていますか。

このような例はいくつもありますから、家庭の方針としてこれだけはというものを絞り込んで丁寧に教え、実践させてみましょう。何を実践させるかについては、それぞれの家庭の考え方によりますが、私は人の迷惑になるような行為をさせないことと、大人になって恥ずかしい思いをさせたくないという点に気を付けると良いと思います。あれもこれもと張り切りすぎると、子供の能力の限界を超えてしまいますので、さじ加減が大切です。その際、子供は言われ放しでは反発しますから、できたら褒めてやり失敗にはそれについて考えさせ気付かせる猶予が必要です。自分で答えが見つかり、少しでも行動で示すようになればしめたもの。いろいろな方面への波及効果が期待できます。

見過ごさない兄弟姉妹いじめ

ものにだけではなく、対人関係でも正しく接する子でなければなりません。家庭では兄弟姉妹いじめ、一人っ子であれば友達を想定して考えてみましょう。意地悪やいじめについてです。

子供はけんかをするものです。兄弟姉妹が言い争いをしたり、多少手を出し合ったりするのは珍しい光景ではありません。むしろそういったけんかの中で、人とのやりとりや接し方を学び、人格が形成されていきます。

話は少しそれますが、近年、学校の中でけんかをする子供をあまり見かけなくなりました。私が子供の頃は、口げんかはもちろん取っ組み合いのけんかもしました。でも不思議と血が出るなど怪我をするといったようなけんかはありませんでした。

どうしてけんかをしなくなったのかは、いろいろ理由はあると思いますが、けんかをする相手がいなくなり、そして、けんかの仕方が分からないというのもあるでしょう。また、けんかをするのが怖いというのもあるかもしれませんし、大人がけんかをする前に、止めてしまうというケースもあるのかもしれません。小さい頃から〝適度〟にけんかをしていれば、手加減が分かるし、相手の気持ちが分かるようになります。そういった経験が乏しいために、いざけんかとなると、人の体や心を傷つけてしまうようなけんかしかできなくなるのです。

ですから正直なところ、学校では子供同士でけんかをさせるのは非常に危険だという認識でいます。私は、多少はさせてもよいだろう、という気持ちがないわけではないのですが、何をするか予想がつかないので怖い気持ちはあります。けんかを勧めるつもりはありませんが、けんかをした経験がない子供が、大人になってけんかをするほうが危ない、という思いも実はあります。

兄弟げんかに戻りますが、家庭の中では適度なけんかは必要と思いますが、親が上手に中に入らなくてはいけないけんかがあります。それは、陰湿であったり、いつまでもねちねちしつこかったりする場合です。この種のけんかはやめさせるべきです。このようなけんかを続けさせておくと「こういうけんかも有り」と子供なりに解釈し、身に付けてしまいますから、これを他人に同じようにしてしまってはたいへんです。

さっぱりとしたけんか、というのがあるのかどうか、説明に困りますが、後腐れのない関係に結びつくようにしたいものです。ですから、兄弟姉妹であっても意地悪なやりとり、いじめにつながるような言動は、断固としてその場で止めさせて、考え方と行いの軌道修正をする必要があります。兄弟姉妹の関係は、友達関係の縮図と見てとれます。

「割れ窓理論」から学ぶ

アメリカ合衆国で殺人が頻発したために、小さな事件には目をつぶり重大な犯罪に警察の力を集中させた時機がありました。これは失敗でした。これでは解決にならず犯罪は増える一方でした。そこで考えられたのが「割れ窓理論」です。

アメリカの犯罪学者ジョージ・ケリングが考えました。ブロークン・ウィンドウ理論ともいいます。ニューヨークのジュリアーニ市長の取組が知られています。

窓がひとつ壊されたぐらいならいいだろうと放っておけば、窓は次々と壊され、やがてはその建物全部が被害を受けます。そして、住んでいる人のモラルが下がり、安心や安全の確保に関心がなくなり協力が期待できなくなります。つまり、小さな犯罪をそのままにしておけば、犯罪者にとっては思うつぼで、エスカレートして犯罪が横行してしまうというわけです。

そこで、小さなものも見逃さず徹底して取り組み、一つ一つ丁寧に片づけていく方針に転換しました。細かな点にまで目を光らせ、小さな犯罪であっても見逃さないようにと、実行に移していきました。その結果、格段に犯罪が減り、住みやすい街を実現しました。

日本でも札幌でこれを取り入れて、犯罪対策を行いました。割れ窓理論を駐車違反に置き換えて、路上駐車を徹底的に取り締まりました。その結果、違反が対策前の3分の1に減りました。

これを子供の行動に当てはめてみます。食べたお菓子の包み紙一つぐらいならと始末させないとどうなるでしょう。恐らくそのような行為の積み重ねが、やがては自分の部屋が片付けられないとか、身なりがきちんとできないなど生活習慣の乱れにつながっていくかもしれません。そして、乱れを乱れと感じない人間性が出来上がります。

学校のような集団生活の場では、より顕著です。教室内の机を縦と横にきちんと整頓して、学校生活を送らせている教室は、その他の所も学習環境が整っています。担任の姿勢といいますか教育方針ですが、子供たちの机やロッカーの中も乱れていません。教室内の隅々まで掃除が行き届いており、小さなごみも落ちていません。掲示物は学習の様子がよく分かるように配置されており、学習した内容が振り返られるようにしてあります。

しかし、学習環境や環境美化に関心の低い教師の教室では、そうはいきません。乱れは歴然としています。こういった中で学ぶ子供たちに、悪い影響がないわけがありません。多くの場合、生徒指導上の問題も起きてきます。

他人への不快な言動でもそうです。本人は軽い冗談のつもりであっても、言われた当人にすれば、傷ついてしまうというのは十分にあり得ます。場合によっては一生心の傷として残る場合さえあります。些細であっても、思いやりのない言動には毅然とした態度で接しなければなりません。親は日頃から子供のちょっとした言動に気を配り、誤りに対してはその都度、軌道修正してやる気持ちと実行力を持ち続けなければなりません。

子供は未熟です。どこからどこまでがよくて許されるのか、教えられなければ分かりません。「割れ窓理論」を子育てに取り入れて、子供の健全育成に役立てたいものです。

子供には分からないテレビの危険

秋篠宮文仁親王とご結婚された紀子様が、ご結婚前のテレビインタビューで「テレビは全く拝見したことがございません」とご発言されていました。お父上の川嶋辰彦氏も同様にお話をされていました。こういう方もいらっしゃるのかと驚いたものです。私もあまりテレビは見ないほうですが、紀子様とは比較になりません。子育てにはそれぞれの家庭に方針があり、育て方は千差万別です。

これがベストというのはないでしょう。子供は十人十色ですから、よそ様の良い方法がすべて当てはまり、うまくいくとは限りません。川嶋家にはやり方があって、それで成功したわけです。

テレビに関していえば、番組の中には子供たちに見せてやればいいものが、数多くあります。テレビを通して学習面ばかりではなく情操面でも役立つ内容を視聴させるのは子育ての中でも当然あってよいと思います。大切なのは番組を上手に選択することと、視聴時間をコントロールできるかどうかです。

子供たちは毎日どのくらいテレビを見ているのでしょう。

平日の場合、小学生で3時間ないしそれ以上見ている子供は、全体の32・2％、中学生になると41・1％とかなり大きな割合です。（2005年文部科学省「義務教育に関する意識調査」より　テレビ、ビデオ、DVDの視聴時間）これが休日になるとさらに視聴時間が増えます。

幼児（2歳から6歳）の場合ですが、1日に見る時間は1時間40分（週平均）で、録画番組やＤＶＤの視聴は54分（週平均）です。（２０１６年ＮＨＫ世論調査部　幼児視聴率調査）

これらの数字が多いか少ないかは、とらえ方に違いがあるでしょう。こんなものだろうという方もいれば、多いなと感じる方もいるでしょう。私が勤めてきた学校でもこの種の調査をしましたが、傾向は似ています。担任していた子供たちに「テレビを見る時間が多くない」と言いますと、返ってくる答えはたいてい決まっています。「テレビを見ないと暇だもの」「テレビを見ていないと友だちと話ができない」「テレビを見ているときが一番楽しい」子供たちは理由付けをしますがやはり心配です。小学生であれば1日24時間のうち必要な睡眠時間は8から9時間といわれています。学校に行っている時間は7から9時間、それにテレビの視聴を加えると、残りの時間の限りがよく分かります。このほかに生活の中には必要な時間がいろいろありますから、やはりテレビの視聴時間には十分な配慮が求められます。

長時間の視聴が招くもの

長時間テレビを見てはいけないとよく言われます。それはなぜでしょう。勉強しなくなる、不要な情報が入る、視力が落ちる、お手伝いなど家事をしなくなる等々、それぞれ理由はあると思われます。その中で最もよくないのは精神に与える影響であり、それに伴う言動です。

新聞記事に「長時間テレビ、2歳以下は危険」の見出しで、川崎医科大学付属病院小児科の片岡直樹教授のお話が載っていました。「2歳までの時期は人間が他人を思いやる心を育む重要な時期。抱っこやじゃれ合うといったスキンシップを通じて、子供のコミュニケーション能力が築かれる。ところが、感情の交流が不足したまま音や映像が一方的に流れるテレビを長時間見せ続けると、脳の発達に影響が出て〝言葉を話さない〟〝表情がない〟といったコミュニケーション障害が出ることもある」(2005年8月1日産経新聞朝刊)とありました。そして、その例として、りんごを頬張る子供に親が「おいしい?」と呼びかける、しかし、子供は返事をせずに、ぼんやりとした眼差しで母親のそばにあるテレビを見ている。そういう子供を紹介しています。片岡教授はこれを「小さい頃からテレビを見続けていたことが原因」であると説明しています。

私が出会った小学校4年生の引きこもりの男の子は、テレビやテレビゲームが大好きです。母親と話してみますと、両親が共働きで幼稚園の頃からテレビゲームを与え、テレビについては「たぶん、乳児の頃からつけっぱなしだったような気がする」とのこと。この子は一日中部屋にいても苦痛はありません。テレビとテレビゲームがあるからです。本人が言っているのですから間違いないでしょう。友達が遊ぼうと誘うのですが乗り気になれないようで、会話もどうしていいか分からないようです。友達といっしょにいても一方的で、会話になりません。何をどう話したらいいのか分からない風でした。

結局のところ、テレビを見たりゲームをしたりしているときだけがリラックスできて楽しいわけです。ゲームに飽きればテレビを見て、それに飽きればまたゲームをする。食事もしっかり摂るのではなく食べたいときに食べたいものだけを口に入れる。家族と話をするのも面倒で、一人で過ごすのがベストなのです。家族が外へ連れ出そうとしますが、激しく抵抗して自分の生活を守ろうとします。こんな生活が毎日続きます。

彼が大人になったとき、どうなっているのかは分かりませんが、今のところテレビやゲームという映像による悪い影響があった気がしてなりません。働けないどころか人と話せないし笑わないというのでは、彼の人生はあまりにもかわいそうです。やはり、親がテレビを消すという毅然とした態度が必要なのだろうと思います。親がなかなかテレビを消せないというのでは、子供の人生をだめにしかねません。

私はあまりテレビを見ないほうですが、これはテレビが我が家に入ったときからそうさせられたからだと思っています。始めから自分の意思で見なかったわけではありません。見たい番組はたくさんありましたが、見せてもらえなかったのです。学校で友達との話題についていけませんでした。が、それは今になって思えば小さなことでした。テレビを見なければ見ないで平気になるものです。会話にしてもテレビだけの話題などお粗末です。テレビを見ない分、ほかにすることが見つかり、それに費やせるので自分の世界が広がり却ってよかったのかもしれません。

最後に片岡教授は「赤ん坊を育てるのはテレビではない。人間なのです」と締め括っています。

テレビ視聴も家族団らんで

1953年（昭和28年）にテレビ放送が開始されました。テレビは電気洗濯機、電気冷蔵庫とともに「新三種の神器」といわれ、もてはやされました。

その後のテレビ技術の進歩と普及はご承知の通りです。

我が家にテレビが入ったのは1960年代になってからです。それまでは早々にテレビを購入した近所の家に行き、見せてもらった記憶があります。その後、しばらくするとどの家庭にもテレビが備えられるようになり、やがて、どの家庭にも見られた

「チャンネル争い」は死語になった感があります。それまでは各家庭にはテレビは1台、がほとんどですから、見たい番組の取り合いがありました。争いながらも何を見るかが決まると、家族みんなで同じ番組をみる時間帯がありました。そして、ああだこうだと話しながらの楽しいひとときがありました。テレビを利用した家族団らんの時です。

今はどうでしょうか。何台もテレビのある家庭が多くなり、番組を見るのに争いはなく、それぞれが見たい番組を各部屋で見るようになりました。核家族化が進み、その中でさらに一つ一つの核ができてしまった感じです。家族がばらばらになってしまいました。テレビだけがコミュニケーションをとる場ではありませんが、テレビを見るときもそれ以外のときもばらばらというのは気になります。

時には、テレビは家族みんなが見られる番組を選択し、1台のテレビを使って同じ部屋で見る生活の場があってよいと思います。テレビを見る時間も親子が接触する時間にして、子供を理解する場と考えるのも一つの方法でしょう。親がそばにいて親の体温を感じ、息づかいに触れるのは子供にとって有意義です。

また、番組は親も子も見て楽しく、ためになるものでなければなりません。上手に選んでほしいものです。ラブシーンや性描写のきついもの、低俗な台詞やふるまいで笑いを得ようとするものなどは、視聴の選択から外すべきでしょう。欲望にまかせて選ぶのはよくありません。家族団らんにふさわしい番組というのがあるはずですから。

なくなってきた羞恥心

幼児期から社会を構成する一員としての自覚をもたせる必要があります。

社会では子供といえども守るべきルールがあり、道徳的な責任についてある程度意識させねばなりません。とはいえ、子供はしっかりとした判断力が未熟ですし、それに伴う実行する力もまた不足しています。善悪の区別ができない場合もあって当然でしょう。

日本の文化は「恥の文化」といわれてきました。弱い者をいじめたり電車やバスの中でお年寄りや体の不自由な方に席をゆずらなかったりするのは、恥ずかしい行為と教えられてきました。自分ばかり食べて周囲に分け与えない態度も恥と教えられてきました。ですから「恥知らず」と言われれば、情けなく悲しい気持ちになったのです。

今はどうでしょう。何が「恥」なのか分からなくなってきています。わざと恥ずかしいふるまいをして目立とうとする人さえいます。「恥を知るものは、礼節を重んじ、自らの行動に責任を持とうとする者だ」などと言うと、笑われてしまいそうな世の中です。ですが、本当は恥を知らない人の方が笑われているはずです。場合によっては軽蔑の対象にさえなるでしょう。我が子にはそんな人になってほしくないと願うのは親として当たり前の心情です。

恥ずかしい行いで近ごろ気になるのが、公共の場で大声を出して話しをしたり物を食べたりすることです。

私は出かける際に、時々、公共交通機関を利用します。その中には通学の高校生など学生も乗っていますが、驚くのは静かなはずのバスの中で、人目もはばからず大声で会話をする学生たちがいることです。隣にいるのに耳が遠いのかと思うくらいにです。話の中身は先生への評価とか異性の話しとか、昨晩見たテレビ番組の批評などですが、しまいには親の失態までと様々で、よくもまあ恥ずかしくないものよとその顔を見ずにはいられません。そういった行為が周りの人の迷惑になっているなど、思いもよらないのでしょう。残念なことにこうした姿は珍しくなくなりました。当人たちにすれば「大きな声の何が悪いの、勝手でしょう」くらいの感覚なのでしょう。

やはり幼い頃から時と場所、相手に応じて話す声の大きさを、日常生活を通して教えていく必要があります。

人前でものを食べる行為についても、恥ずかしい気持ちはなくなってきています。公共交通機関の中で、お茶やジュース、スナック菓子を口にしている姿はどう考えてもいただけません。おにぎりをほおばっている姿にも出くわしました。なんと表現してよいか分かりませんが、これも「おなかが空いたから食べて何が悪いの」との感覚なのでしょうか。私には恥ずかしくてできません。旅での駅弁ぐらいに思っているのでしょうか。理解に苦しみます。いつからこんな世間になったのでしょうか。道徳心の欠如は豊かな日本が招いた副産物、との考え方もありますが、原因はそう単純ではないかもしれません。

しかし、そんな風潮にゆらぐことなく「恥を知る」人間に育てるのも親の務めです。

我が子が「恥知らず」となって、他人から冷たい目で見られるようにはしたくないものです。

見慣れた光景にあやまりが

私は子供を地べたに座らせません。若者が街中でところかまわず座り出すあの光景です。道路やコンビニエンスストアの前、果ては公共施設のフロアまで〝占拠〟してしまいます。静かな音楽の流れる高級感あるデパートの階段で座り込んで話している若者も見ました。足腰の弱さなど体力面を指摘する人がいますが、そんな問題ではありません。気持ちの問題でしょう。座るべきところではない場所で座るのは常識に欠けている、それに尽きます。畳や絨毯の上のようにして座るといった、あの神経が理解に苦しみます。

ペットボトルの飲み物についても気になっています。ところかまわずらっぱ飲みをする姿です。人生を語れるようなよい年をした方まで、あの飲み方をされるとがっかりします。コップがいらず手軽だからでしょうが、子供にさせてよい飲み方であるとは思えません。もう少し遠慮がちに口にしてほしいなと思います。街中の人通りの多い所でもボトルを手にして、飲みたくなれば辺りかまわず飲む方もいますが、マナー違反ではないかなと思うのです。砂漠を歩いているわけではないのですから、少しくらい飲まなくても、どうということはないと思うのですが。

これらは一例ですが、見慣れてしまい、気にならなくなるくらいに社会に浸透している誤ったふるまいはかなりあるように思われます。世の常識は、時代とともに変わっていくとはいいますが、際限なく時代だからとか気質が変わってきているからだとかといった理由をつけて、道徳性や社会性が低くなっていくようでは困ります。よいことであると教えられてきた言動については、厳しさも出しながら子供たちに伝えて実行させていくべきでしょう。

富山県では、県内すべての中学2年生が職場体験をする、社会に学ぶ「14歳の挑戦」を実施しています。事業所や様々な施設が受け入れており、中学校生活の中で重要な役割を占める学びの場になっています。消防署や警察署、医療機関、飲食店、農家、マスコミ関係など普段できない体験を可能にしています。中学校の先生方は事業所の発掘には随分苦労されたでしょう。

　私も公的機関で中学生を受け入れたことがあります。中学生は、社会の一面を垣間見ながら、実際に頭と体と気をつかうわけですが、その様子に少しばかり驚いた経験があります。仕事に対する能力は個々において違いますから、それについては問いませんが、社会の一員としての態度やふるまいには、見過ごせない場合がけっこうありました。例えば、集まる時刻が守れないとか使った用具をもとの場所に置けない、などのごく基本的な内容です。教える者に対して敬語が使えなかったり、話をしてばかりで説明を落ち着いて聞けなかったりする生徒もいました。いちばん困るのは職場体験でありながら、その職に対して集中できず、5分もしないうちによそ見をし、手が止まってしまうことでした。働くことへの態度が備わっておらず、行動が伴わないのは将来に不安を残します。幼児期、少年期の生活の在り方に課題があったのではないかなと考えさせられます。

3　人とつきあえる子に

「うちの子は友達がなかなかできないんです。外で遊んだら、と言っても家の中で遊んでいたほうが楽しいからって、遊びに行かないんです。ご近所の方から声をかけられても、黙っているような子でとても心配です」これは、学校での懇談会の際に受けた相談です。こういった相談は珍しくはなく、担任をするとどのクラスでも似たような相談があります。

人は一人では生きられません。最後まで他人と関わりあいながら、人生を送るのがほとんどでしょう。ですから、お母さんやお父さんが子供の友達づきあいを心配するのは当然です。友達づきあいがうまくできないと、その後もかなりたいへんな支援を必要としますし、場合によってはひきこもりを招く場合さえあるのはご承知の通りです。

友達ができる子供でも、何かをしてもらいながらお礼が言えないとか、話しかけてもろくな返事がこないというのもかなりあります。大人でもこのような人はいますが、職場ではどういった評価でしょうか。やはり、幼い頃からのしつけなり体験が影響しているると感じます。

つきあいが苦手な子供

大人でも、初めて会う人や緊張を強いられる場合には、つきあいに億劫になりがちです。私は子供のほかに、保護者、地域の人など多くの方と接する仕事に就いてきましたが、つきあいが得意かといえばそういうわけではありません。気の置けない者とのつきあいは楽しく積極的になれますが、そうでない場合は、むしろ苦手なタイプかもしれません。多かれ少なかれ、誰でもそういう面があるとはいうものの、度を超すと、社会生活を営む上で明らかに支障があります。

そして子供の場合ですが、当然ながら人づきあいが苦手な子供はいます。それぞれに理由はあるでしょうが、学校で見ていていくつか思い当たります。

よくあるのは自分に自信がもてないというタイプです。これといって得意なものがないとか、周りからどう思われているかとても気になり、そのため堂々とふるまえないというものです。ほんとうは、よいところを持ち、秀でている面もあるのに、どうしてか、それが自信になって出てこないようです。あるいは、気が付いていないのか、周囲の大人がそれに気付かせてやれなかったのか、いずれにしても本人にとっては、かわいそうな境遇です。

人との付き合いの中で、トラウマがあるという場合もあります。人付き合いで、いやな思いをしたり人前で恥をかいたりして、それから人付き合いに積極的になれないという子供もいます。また、考えすぎるために苦手意識をもってしまう場合もありまず。周りの人は自分のことをどう思っているだろう、友達にはよく思われたい、などと必要以上に考えすぎる子供は、やはり人付き合いを苦手にしてしまうようです。

さらに、相手の立場を思いすぎたり気遣いしすぎたりするために、自分で距離をつくってしまうタイプもいます。こういったタイプは考えすぎるきらいがあって、これを言うと嫌われたり軽蔑されたりするのではないかとか、こんな態度をとったら変に思われてしまいそうなど、自分で殻に閉じこもってしまいます。

学校の中で子供たちを観察してみますと、学年が進むにつれて社交性が出てきて、友達との交友関係が広がり、つきあいに積極的になってくる子供がいます。そうなった原因は一概にはいえませんが、きっかけは確かにあるはずです。自分で努力する子供もいますが、外的な働きかけで、行動や性格まで変わる場合があるのも事実です。

ストレスは子供を強くする

ストレスは生きていく上で、避けて通れないものに違いありません。環境的な原因のほか身体的な原因、心理的な原因によるものなど様々です。結婚や出産、進学のようにおめでたい出来事にもストレスを感じる場合さえあります。

そんな中で、人間関係ややっていること（大人なら仕事など）がうまくいかないことに原因がある社会的な原因は大きいと思われます。子供であっても人と関われば思う通りにならなかったり、不快な思いをさせられたりして子供なりにストレスが溜まります。それをものともしないタイプの子供がいるにはいますが、たいていは人間関係がぎくしゃくしたり、付き合いが億劫になったりします。それでも時間が解決してくれる場合もありますし、子供なりの修復術や未熟ではあっても、社会性や社交術といったもので人との付き合いは継続されていきます。

問題にしなくてはならないのは、一定程度であれば、子供なりの努力や取組でなんとかなっていくはずのものを、子供にストレスを溜めさせないようにといらぬお世話をすることです。ストレスを溜めるくらいなら友達と遊ばなければいいとか、人と関わるような場に子供を連れていかないというような手立てをとるといった、子供にとってかわいそうな境遇に置いてしまっています。

人と関わらなければ、挨拶をしなくてもよいですし、会話をする面倒が省けるということでしょうか。他人との関わりそのものすべてをストレスに結びつけてしまうようでは、人とのつきあいの貴重な機会を奪ってしまいます。他人と話したり行動したりするのが苦手なタイプはどうしても存在しますが、少しずつ人との関わりの中で、人とのつきあい術や社交性を身に付けていく機会に飛び込ませるのはとても大切です。仮に、親自身が人付き合いに苦手であっても、我が子を巻き込んではいけません。子供はこれから人格を形成していくのですから、大事な時期と思っていろいろな機会を見出して、世間の人と広く付き合わせていくべきです。

私たちが人間社会に生きている以上、人から受けるストレスは避けて通れません。しかし、苦手な人や嫌な人にも接しながら、人付き合いのノウハウをいつのまにか身に付けていけます。ストレスを克服しなければならないと思うと気が重くなりますが、子供たちが人の中にいるうちにそういったものに打ち勝てる、ストレスを感じない、とまでいかなくともストレスを抑えられるようになる、と考えればよいのではないでしょうか。

私たちはいちいちストレスという言葉を使わなくても、日常の中で小さな困難から大きなものまで経験しています。それをわりあい簡単に克服してきた場合もあるでしょうし、失敗して傷ついたときもありました。その繰り返しの中で、知らず知らずのうちに苦が苦でなくなるということも実感してきました。それで強くなってきたのですから、子供たちにも、ストレスから逃げず立ち向かわせる、というのは大切だろうと思われます。

そうした中で、多様で変化の激しい現代社会において、その中を生き抜ける耐性が身に付くと期待できます。

まずは家族と

家庭生活の中で礼儀に関わるような、ちょっとした場を大いに利用するとよいでしょう。そういった場を生かせば、世間知らずで常識のない無礼な大人にならずにすむでしょう。

「おはよう」「おやすみ」「いただきます」に加えて、「行ってきます」を習慣付けましょう。出かける際には「行ってきます」と声を出させます。黙って出かけるのを認めてしまうと、行動に間違った自由を与えてしまい、家族に声をかけずに勝手をしても気にならなくなります。

「ありがとう」「すみません」もとても大切です。この二つは自分が素直になり、相手に敬意を払う態度を育てますから人格形成上欠かせません。人にぶつかっても足を踏んでも謝れなかったり、手助けをしてもらいながらお礼も言えなかったりというのでは、人とのつきあいを最初から拒絶するに等しいかもしれません。「変な人」のレッテルを貼られかねません。

ところで気になる言葉遣いがあります。例えば「ごめんなさい」です。どこが悪いとお思いでしょうか。それは、目上の人にまでこのような言い方をする点です。自分より年上の方には「すみません」「申し訳ありません」が望ましいと思われます。「ごめんなさい」は敬語ですが、「どうか免じてください」と相手に免じてもらう意味で、本当に反省したようには聞こえないと捉えられてしまいます。現代ではカジュアルっぽい表現になっています。

これは日常生活においてある程度定着しているように思われます。営業の方でもお客さんにごめんなさいと言うのを聞きますが、気になります。言葉は時代によって変わるとはいいますが、変えてはならない言葉遣いはあるはずです。そのほかにも半疑問系の「わたしって、トマト嫌いじゃないですか」といった表現があります。自分のことを人に尋ねるようなあの言い方です。「さっきまでテレビとか見ていました」「ぼく的にはけっこう好きです」「とてもよかったかな、みたいな」というのはどうでしょう。

誤った言葉遣いの例も少し挙げてみます。18・2%が「やばい」をとてもすばらしい、57・8％が「びみょう」を判断がつかない、17・0％が「うざい」を面倒や不快感・嫌悪感を表す意味で使っています。さらに、話の要点や最も感動的な部分を表す「さわり」に至っては、さわりを最初の部分と捉えている割合が53・3％も占めています。その他には、面白くないの意味の「ぞっとしない」を恐ろしくないとしている割合が56・1％、乳幼児期に突然おこる発熱である「知恵熱」は40・2％が、深く考えたり頭を使ったりした後の発熱と捉えています。（文化庁「国語に関する世論調査」より）

話が少し逸れましたが、いずれにしても幼児のうちに機会を捉えて、どんな場面で関わる人たちとどのように話すべきかを学習させておくとよいでしょう。そして、大切なのはタイミングです。その場が過ぎてから「お礼をいわなくちゃだめでしょう」とか「なんでごあいさつしなかったの」では効果は薄いかもしれません。子供は分からないし、知らないのですから教えてやればいいのです。

山本五十六という有名な軍人がいましたが、この人は部下を指導するときに「やってみせ、言ってきかせて、させてみて、ほめてやらねば人は動かじ」との方針で臨んだそうです。これは子供のしつけにも当てはまります。ぜひ、親が手本を示し、子供に実行させてください。

きっかけはあいさつ

人付き合いが苦手な子供は、返事をさせると相づち程度でしかない場合が多いようです。「うん」「どっちでも…」「別に」「いや」など会話にならない、つまり会話のキャッチボールができません。この子はこういうタイプだからと、ずるずると許してしまうと後がたいへんです。無口で陰険な印象を与えたり、下手をすると変わり者のように見られたりするなど、実際とは違う人物像ができかねません。

「学校は楽しかった」と聞けば「うん」や「別に」で済ませず、少しずつ子供の話を膨らませるように仕組みましょう。給食の献立でもいいですし、仲良

しの同級生のこと、先生のこと、あるいは行事の様子を聞くなど、親の側から話題づくりに努めてやりましょう。何日も何ヶ月もかけて話の中身を増やしていくつもりで、親子の会話の機会を広げていけばよいのです。そういった繰り返しが習慣になり、言葉を口に出し、会話をするのが億劫でなくなります。

挨拶がしっかりできない、というのもまた人付き合いの苦手な子供の特徴です。「おはようございます」「こんにちは」「ありがとうございます」「すみません」など人とのつきあいの中で欠かせないのが挨拶やお礼、謝罪です。これができないと、時には周りから相手にされなくなる場合もありますから、特に注意を払いたいところです。特に挨拶は重要です。幼稚園や保育所、学校に入ると、最初に教えられるのが挨拶です。子供であっても社会の一員ですから、挨拶ができないのはよくありません。大人でもしっかりできない方がいますが、責任の多くは家庭にあったのかもしれません。

私は、学校に勤めていましたので、当然ながら多くの保護者に会います。気が付く限りこちらから挨拶をしますが、中には挨拶が返ってこないばかりか、会釈さえしない方がいます。実は、こういった方は少なくありません。勤め先や近所でもそうしているのか、学校だけでそのようにしているのかは分かりませんが、寂しい気持ちになりますし、それに加えて子供はどうだろうと気にかかります。

挨拶しなくても、生きてはいけるでしょうが、それでよいだろうかとその子の将来を、つい憂えてしまいます。

人付き合いの第一歩は挨拶からです。挨拶ができる子供に育てておけば、人と接するきっかけになりますし、会話やいっしょに行動する手助けになります。そのためにも、物心がついたら誰にでも挨拶させる習慣を付けておくべきではないかなと思います。

やがて、大人になったときの我が子の姿を想像して、ぜひ子供のために挨拶への取組を実行していただけたらと切に願います。家族、親戚、近所の人など身近な人を手始めに、訪問された人、家族の知り合いと広げていけばいいのです。そういった積み重ねがやがては、見知らぬ人との会話を可能にし、社交性が育ち、それが生かされていきます。もちろん自信にもなります。

子供と近所づきあい

近所づきあいが減ったと近ごろはよく言われるようになりました。現代人はコミュニケーションのとり方が下手になったからという人もいるし、住まいの持ち方や生活の仕方の変化など社会構造が原因に挙がったりします。

でも、ご近所がいろいろな形でつきあいをするのは、とても有意義で人生を楽しくしますし、生活の幅が広がり人生を豊かにします。私の住んでいる地域では、冠婚葬祭の頂き物などを近所に配る習慣があります。また、近所の畑を見てあまり実がなっていないようだと、きゅうりやなす、トマトなどたくさん実ったものをおすそ分けします。そうすると余裕のあるものがあったら、お返しにその家にもっていくというようなことをしています。

子供の頃から祖父母や両親のそういったやりとりを見て育ってきたので、自分もそうするものだと思うようになりました。ちょっとした心遣いが人と人との心を交流させ、人間関係が深まっていくのだと思います。

親が近所づきあいをする場には、子供を連れていきましょう。大人のやりとりの中で子供なりに学ぶものはあるはずです。大人の会話から社会のことを知ったり、話の仕方を真似たりするようになりますし、人づきあいに慣れるという効果が期待できます。

こういったコミュニケーションの仕方を肌で感じ学べる場は、社会の一員としての基礎作りにもなります。物心がついた頃から、社会の一員であるところに置いてやれば、後々、スムースに人とのつきあいができる手助けとなります。

子供に聞かせてはならない話をしたり、非社会的な行動を見せないようにしたりするのは前提ですが、大人同士の楽しいつきあいのその輪の中に居させておくだけでもいいのです。

地域によっては、公民館のような公共の施設で催しものがあります。私の町内ですと、春祭りや秋祭り、お盆の報恩講、新年会、火祭り等々大人が集まる場がいろいろあります。子供たちもにぎやかさに惹かれて祖父母や親と連れだって参加します。これが子供たちにとっては、普段の子供同士の遊びとは違う社交の場になり、大人の世界を垣間見るよい機会になります。

現代っ子は、体格はよくなっていますが、精神面では昔の子供に比べて幼いような気がします。原因は分かりませんが、私は子供を大事にしすぎているのに加え、人との関わりが減ったからではないかなと思っています。学校だけで集団行動の仕方や集団でのマナーを教えたり、会話の仕方からディベートに至るまで力をつけたりするには限界があります。また、学校だけで身に付いた〝つきあい〟だけでは、社会生活を営む上で必要なものすべてをカバーするには無理があります。

子供たちを見ていて祖父母といっしょに育った子、近所のことをよく知っている子は表現が豊かですし、行動力がある、そんな印象もあります。

大人がしていることをさせる

ある企業では新入社員向けに、朝食の必要に始まり、トイレに行く大切さや靴の色、ハンカチを持ち歩くなど小学生に教えるような内容について、研修を行ったところがあると聞きました。驚きましたが人事担当者にいわせると、これらができていないから、やらざるをえないのだという説明です。

人とのつきあいを始める前の前提として身に付けておくべきものが、備わっていないのはとても問題です。

これらを、子供のうちにいろいろとさせておかないから、と簡単に結論付けてよいかは分かりませんが、原因のひとつにはなるでしょう。手取り足取り、そして、気を回しすぎて何でもやってあげている、と思い当たるふしはありませんか。できる限り、子供のうちに、できることは何でもやらせておく親としての構えがここでも必要になります。

子供はやってもらえるなら、やりませんし、やらないものだと頭でも体でも、そう覚えてしまうでしょう。逆に、させられていればやるようになりますし、その経験が多いほど、他にも応用が効かせられます。そして経験がなくてもやろうとしますし、やれるものもあります。経験が知恵を生む場合も多くあります。子供にさせるのは無理だろうなどと、気を回さないほうがよい場合もあります。

一例を挙げますと、家族で電話をとるのはどなたでしょうか。時には子供にもとらせましょう。相手が大人だからとすぐに受話器を取り上げ、子供にはできないと対応させないのは、大切な機会を逃してしまいかねません。

よそ様に電話をすると、子供が出る場合があります。「はい、○○です」「どちら様でしょうか」「しばらくお待ちください」などと受け答えのしっかりした応対はとても気持ちがいいものです。このお宅はどのようにしつけをなさっているのだろうととても感心させられます。うちの子はどうかなと、心配な気持ちにもなります。

近ごろは大人でも電話の受け答えができないと話題になります。敬語がつかえない、相手の問いにうまく答えられない、終いには電話を取って代わられる始末です。

企業や公務員の社会でも、新規採用者には電話の受け答えの研修会を課しているところが多くなっていると聞きます。企業にとっては死活問題になるケースもあるでしょうし、公務員であれば一般市民に対して、説明が不十分であったり誤解を招いたりするようでは混乱を招きます。

現代は特に、きちんとしたコミュニケーション能力が問われる時代になりました。電話ぐらいと考えずに、身近な

生活の中から利用して体験させてみましょう。電話は例であって、生活の中を見渡すと、ほかにも子供にとってよい機会と思われる場面は、案外多くあります。

よい塩梅、適当なつきあい

人とのつきあいは楽しく、生活に張りを与えてくれます。家でぼそっとしている高齢者はのんびりできる反面、適度な緊張感がないからか、痴呆がかった行動があるようです。そんな人がデイ・サービスのような環境の違うところへ行ってくると、朝とは顔つきが違うしかしっかりと話すというような話題を耳にします。

多分、人との交流が刺激になって、脳も身体も、気持ちも活性化されるのかもしれません。こういう場合は、物事や身体の具合がちょうど〝よい塩梅〟だったのでしょうし、条件や目的などにうまくあてはまった〝適当なつきあい〟ができたのだろうと想像できます。

さて、私たちも人とのつきあい方によっては、人間関係をよりよいものにします。気さくな振る舞いができれば相手に緊張感を与えず、気を許してくれ親和感が増すでしょう。

人というのはおかしなもので、真面目で律儀、遠慮深いといったタイプはその人格が評価されながらも、どうも取っ付きにくいなとか固すぎて話しづらいなと少し距離を置かれる場合があります。もう少し気楽に接してくれればいいのにと、気持ちは分かるのですが、損をしているような印象を与える人がいます。

それとは反対に、物おじしない気さくなふるまいは、相手に緊張感を与えず、近づきやすくしてくれます。話しやすくもなります。このタイプは、人に何かをしてもらったりいただいたりするときでも変な遠慮はしません。素直に喜んでそれを受けます。それは相手にとって気持ちがよいもので、してよかった、あげてよかったという気持ちにさせます。それなのに、相手に申し訳ないとか、そんなにしていただいて恐縮してしまうといった態度が過ぎると、せっかくの相手方の気持ちに水を差しかねません。

こういった取っ付き易いタイプのよいところは、一方通行の受けるだけではないところです。それは、何かの機会に気を張らせず、さりげなくお返しをすることにあります。人は感情をもった生き物ですから、一方通行の行為だと気持ちは冷めますし、人間関係にひびが入る場合さえあるでしょう。人からの行為は素直に気持ちよく受け、すぐに何かしなくてはなどと思わず、気楽にしている構えをもちたいものです。そういったタイプはコミュニケーション能力が高く、良好な人間関係が築ける人が多いようです。

これはけっして大人だけに当てはまるのではありません。子供がそういった場面に出くわしたときに、親や家族が行為を素直に受けるよう「そんなに遠慮しなくてもいいよ」と声をかけてやったり、ふるまい方をアドバイスしてやったりするとよいでしょう。それによって人付き合いの一場面ではありますが、学ばせてやれます。

自立へのヒント

放任も困りますが過保護もよくありません。少子化により子供を大事にする親が増えている傾向にあるようです。手の出し過ぎ、口の出し過ぎに代表される構い過ぎは自立を遅らせ、一人で物事がやれない、あるいは行動が遅いといった子供にしてしまう可能性があります。

学校では教育目標として、「自主自律」を掲げているところは多くありますが、家庭でも自主性や自律性を育てるしつけが求められます。

ところで、現在は少子化の社会です。出生率（合計特殊出生率）が1・43（2017年6月　厚労省「人口動態統計」）と低く、2046年の人口は1億人（9938万人）を割ると予測されています。2050年には生産年齢人口（15〜64歳）が、5000万人を割ると見込まれていますから、現在の子供たちが働き盛りの頃には、人口の半分程度しか働き手がいなくなる計算でしょうか。したがって、国や自治体はその対策に頭を痛めています。ちなみに、人口維持には、出生率2・07が必要だそうです。

その少子化の影響もあって、子供は大事に大事に育てられていますから、困難や未経験、面倒なことは周りの大人がやってしまいます。子供が答えるべき場面でも親が代わって返事をし、答えるという場合さえあります。これは、よくありません。はっきりものがいえないとか、声をかけられても返事さえできない、を助長しかねません。

「おはよう」と声をかけても黙って素通りする子供はわりといます。「どこが痛いか言ってごらん」「何を忘れたの。筆箱、下敷きかな」と聞いても答えられない子供もいます。こういう状況にはいろいろと理由があるでしょうが、大人が子供の声を出す機会を奪ってきたことに原因の一つがあると思います。

テレビの見過ぎやゲームのしすぎ、家族の団らんが減ったのも声を出す機会を奪う要因になりますし、学校でも子供が話す前に教師が先に言ってしまうのもその一つといえます。

小学生であれば、場合によっては幼稚園児くらいの年齢でも親の代わりに大人の相手をさせてもよいでしょう。

家族への取り次ぎができるようになったら、用件を聞くというのもさせてみましょう。必要に応じて大人が代わればいいのですから、初めから「子供には無理」と決めつけてはいけません。買い物の際でも聞きたいことがあったら子供に店員さんのところへ行かせ、聞かせてみてもいいでしょう。こういった機会は生活の中でいろいろあります。差し支えのない範囲で、子供にチャンスを与えてやりましょう。

私の父の話で恐縮ですが、父は十代の頃、人前で話すのが苦手だったそうです。世間話をしたり進んで話しかけたりするのはとても億劫でした。そんな父はこれではいけないと思ったのでしょう。上京したのをきっかけに自分を変えようとしました。そのひとつが電車の中で演説を行うというものでした。知らない大勢の前で声を出して、自分も人並みに話せるようになりたいとの一心からでした。周りの人はどう思ったでしょう。変人扱いされていたかもしれません。それがどれほど効果があったのかは分かりませんが、父は郷里に戻り教師の道を選びました。

父のことに触れたのは父の努力を伝えたかったからではありません。ここまでしなくとも、幼いときから何かしらやりようがあっただろうし、これからの子供たちが、こんなことをしなくてもいいようにとの教訓と捉えていただけたらと思います。

経験と自信の好循環

人づきあいが苦手な子供の特徴のひとつに「自分に自信がない」というのがあります。自分に自信がないから人と接するのが億劫になり話すのはもちろん、人に近づくのも消極的、または、避けるようになります。それがますます人と接する技術を低くし、一層避けたくなるといった悪循環ができます。

こういった子供は、周りからどう思われているかとても気になり、堂々とふるまえません。また、他人の評価が自分の価値そのものと思いがちなので、評価が低いと思い込んでしまえばそのままというケースもあり得ます。しまいには人の視線を集めないようにと行動してしまい、それが人間関係を希薄にします。自分に何かしらの自信があると思っていれば、これらは克服されるのでしょうが、ことはそう簡単ではありません。

しかし、幼児期や少年期に何かひとつで十分ですから、自信をもたせる親の努力と子供自身の取組は必要です。「鉄は熱いうちに打て」といいますから、柔軟性のある若いうちに、挑戦させてやればよいと思います。より身近で取り組みやすいものから実践させて、自信をもたせてやりましょう。

我が子とはいえ、優れた点や長所をつかむというのは難しいものです。ずっと後になってから分かる場合もありますし、親としてはほとほと困ります。私の子供たちについても、よさをしっかりつかんでそれを伸ばしてやれたかというとあまり自信がありません。もっと他にあって、やりようがあったのではないかなどと、成人した３人の子供たちには心密かに詫びています。ですが、親の構えや努力で子供に自信を持たせられる可能性は十分にあります。生まれた時からいっしょに生活しているのですから、子供の好きなものや得意なものをつかめる機会が多いはずです。もちろんそれは親としてしっかりとアンテナを張って探るというのが条件ですが。

それでも分からない場合はあります。そういう時には、できる範囲でいろいろな体験をさせてやるとよいでしょう。いろいろ連れていったりさせてみたり、触れたり、あの手この手を使い、子供をたくさんの経験の場に置いてやらねばなりません。何もお金をかける必要はありません。家庭の中でも、日常のちょっとした中で、子供に考えたり体をつかったりとさせてやれる機会はあるはずです。その中から、子供の興味関心を引き出し、継続して一つでいいですからやり遂げられれば、自分というものに自信がもてますし、その自信は子供を取り巻く人とのつきあいを、より積極的にすると思われます。大人でも何かひとつ自信をもっている人は堂々としていますし、人の中に入っていくのに、それほど抵抗感はないのではないでしょうか。

表現が豊かな子供

表現力が豊かであると、人とのつきあいを滑らかにしたり交際範囲が広がったりします。人づきあいには有利です。テレビ番組の中で子供にインタビューをする場面があります。そこに出演する子供たちのなんと表現力の豊かなことか。感心させられます。物おじせず、語彙力が豊富で流ちょうに話します。大人顔負けの受け答えもたいしたものです。

学校生活においてもそういった傾向は見られます。主張がしっかりできる子供、的確にいろいろな例を織り交ぜて説明できる子供、詩の朗読や物語の音読などで感情を込めて周囲を引き込んでしまうような子供、など表現力の豊かな子供はかなりいます。反対に、話すのに消極的であったり、自分の思いを相手に伝えるのが苦手であったりと、友達とのつきあいに支障をきたす子供がいます。話すという行為そのものに抵抗

を感じているかのようです。

この違いは何でしょう。そういうタイプ、親からの遺伝などと言ってしまえば終わりですが、それで片付けたくありません。なぜなら、そういった子供でも何かしらのきっかけで変わる例は、いくらでもあるからです。

例えば、行事の司会など未経験の役割を与えればそれが自信となって、その後の学校生活が快活になり友達も増えて話す機会が多くなります。調べた内容を発表する際に、その発表の仕方をアドバイスしてやり、自分なりの表現で発表できたときもそうでした。少し手助けしてやるだけで、ずいぶんと違うものです。あまり話をしてこなかったクラスメートを同じグループにしたら案外気が合って、会話の機会が増えた例もあります。

私が担任していたSさんはそのよい例です。Sさんは、どこにでもいる女の子で何かに秀でているなど目立つ子供ではありませんでした。人づきあいも得意ではありません。ただ、真面目にこつこつと取り組むもの静かな女の子でした。

Sさんは社会科が好きでした。私は高学年を担任すると社会科を中心に、一人調べと称して、取材させたり本で調べたりしてまとめる学習を取り入れました。Sさんは調べてまとめるのは苦手ではなく、むしろ積極的で、自分の考えがしっかり入った参考書顔負けのノートを作りました。ただ、それをクラスの中で発表するのには消極的でした。

そんなSさんに、的確にまとめ絵図やグラフなど駆使した内容を発表する機会を作ってみました。クラスメートからは拍手がおき、「すごくよく分かる」「まとめ方が上手」などと称賛でした。たったそれだけのきっかけでしたが、表現力が豊かになっただけではなく、クラス内での存在感が増しました。ほんの少し背中を押してやるだけで、子供は変わるものです。

父の親友

父はこれといって趣味はなく、酒を好むわけでもなく、煙草も吸いませんでした。酒にいたっては「どこがうまいのか分からん」とまで言うほどでした。私が、人生の楽しみの半分を知らないのと同じ、とからかうと、そうかもしれないと反論はしません。また、人づきあいは悪くはなかったようですが、けっして社交的とはいえず、余計なことは話さないし上手も言いません。人と話をしなくても平気で、むしろその方を好むのではないかといったようなタイプでした。よく学校の先生をしていたものだと思わせるくらいのそんな人でした。

その父には一人の親友がいました。夜間高校の頃から親しくしていたようですが、親友もまた、父に輪をかけて口数の少ない方でした。進路に迷っていた父に、上京してみたらどうだと勧めてくれた方でもあります。その時に声をかけていただかなければ、その後の父の人生は、全く違ったものになっていました。

東京での学生生活は、その親友と二人で三畳一間を借りる侘しい生活でした。蒲団を敷けば部屋がいっぱいです。もっとも持ち物は洗面道具と鍋、茶碗程度でしたから、それで十分なのでしょうが。

仕送りがないので、アルバイトで学費と生活費をかせぐ毎日です。キャベツだけがおかずという日もあるなど、苦しい生活でした。それでも二人にとっては、田舎を離れて、都会でしか見聞きできないものにたくさん出会い、貴重な経験ができたかけがえのない青春の日々だったに違いありません。

とはいえ、口数の少ないもの同士が三畳の狭い部屋で、どんな暮らしぶりだったのでしょう。二人でずっと黙って部屋にいたのでしょうか。それとも言葉は少ないなりに、ぼそぼそと話し、それでも意志は通じていたのでしょうか。想像すると、可笑しくなります。

そんな二人が郷里に帰り、就職し家庭を築いてからも、ずっと親友でした。いろいろ相談し合ったり、助け合ったりと多弁でなくとも、年数を経るほどに一層親しく、そして、お互いが分かり合えるつきあいを続けていました。父とその親友は、60年以上のつきあいを終え、逝ってしまいましたが、別の世界でもまた口数が少ないながらに、親友でいるに違いありません。

人のつきあいには、いろいろな形があるものだなと感じさせてくれる二人でした。父はつきあいの広い人ではありませんでしたが、一人の親友の存在によって、とても有意義で充実した人生がおくれました。

こういうつきあいができる人は、世の中にどれほどいるものでしょうか。友人や知人の多さを誇る人がいますが、その中に、心から信頼し合い、影響を与え合い、互いが尊敬できる関係でいられる人は何人いるのでしょう。父の人生の送り方に、しみじみと感じ入っています。

こらえ性のなさと嘘は嫌われる

人には短所があり、不得手もあります。また、過ちを犯す場合だってあります。これらは内容によっては、周囲から許してもらえますし、日常の人間関係を続ける上で支障はないでしょう。ですが、こらえ性のないのと（わがままに結びつく人もいます）嘘をつくのは、相当の反発がありますし、人の気持ちは離れていきます。この点については人づきあいの中でしっかりとらえておかなければなりません。

これを話題にしたのは、子供たちの世界でも人間関係の中で顕著に表れているからです。こらえ性のない子供に対しては、当てにならないとか頼りないなどの人物評価がついてまわり、下手をするとそういった評価が固定してしまいます。嘘をつく子供に対しては何をかいわんやの態度で、時には嘘をつく子供は教室内で孤立します。良好な人間関係が築けないのですから、なかなかやっかいです。子供の場合は自業自得というにはかわいそうで、学校では何とか救ってやらなければと、支援を試みます。それでも学校教育の限界を感じます。よくいわれるように学校教育と家庭教育の連携が必要で、両面から育てるのでなければ救うには困難があります。

要は家庭において、幼児期から我慢させるべきところで我慢させられるか、嘘をつく行為に対して厳しく指導できるかという、単純明快な答えなのだろうと思います。

例えば、こらえ性の問題に対しては、

・発達段階に応じた役割を与える。好きなことばかりできる環境にしない。
・最後まで取り組ませる。中途半端を許さない。
・役に立ったり思いやりのある言動があったりしたら褒める。
・簡単に欲しいものを与えない。与えてよいと思われるものも二つ返事で応じない。はじめのうちは我慢させる。

といったような点を心掛けてはどうでしょう。

また、嘘に対しては周りの大人、特に親が毅然とした態度がとれないのであれば、その子供の将来は不安であり、不幸を招くのは必然でしょうから、絶対許さないという親の構えはたいへん重要です。それは判断力の未熟な幼児期にこそ必要で、私なら鬼の形相で叱ります。後からしっかりとしたケアがあれば、愛情を感じてくれて叱られた意味を子供なりに理解してくれます。嘘をついても正直に告白し、謝ったのであれば、その態度を褒めてやるのも子育ての手法の一つです。

大切な桜の枝を切って、自ら謝った逸話で知られる初代アメリカ合衆国大統領のジョージ・ワシントンの父親は、それを聞いて「お前の正直な答えは千本の桜の木より値打ちがある」と褒めたと伝えられています。かくてジョージ・ワシントンは「正直は常に最上の政策である」と名言を残しています。

家族がつくる会話の力

いくつかの「人とつきあえる子」について述べましたが、これらは、家族との会話も大きく影響します。家族間の十分な会話の重要性は、よく言われているのでお分かりと思います。

ですが、現代の子供たちは、伝える意欲が下がっている傾向にあります。中には「どうせ聞いてもらえない」と、投げやりな気持ちをもっている子供もいます。

また、スマートフォンや携帯電話をもつようになってからは。家族間でさえ、メールやラインで用件を済ませてしまう場合さえあります。これがコミュニケーションレスに結びついているかもしれません。会話があったとしても、心無い言葉は、会話を失ってしまうので気を付けなければなりません。例えば、よく話を聞きもしないで、「無駄だ。意味がない」とか「できるわけがない」などと、決めつけたり否定したりするような物言いは、話したいとの気持ちを削いでしまいます。せっかく子供が話そうとしているのに、その後の言葉が継げなくなってしまいます。

また、話の途中なのに、一方的に話をやめてしまうのも、してはいけない行為です。「だから、何？」「あっ、そう」などと子供の気持ちを傷つけてはいないでしょうか。

乳児の時から幼児期、小学校の頃まで家族と会話している子供は、学校のように大勢の中でも、明朗で快活なものです。話すという行為は、知らず知らずのうちに、自分を積極的にしているでしょうし、表情だって豊かにしているはずです。

ですから、学校でも交友関係は広がりますし、楽しく会話ができるのだろうと思われます。これは大人になってからの、人付き合いの幅の広がりに加えて、より豊かな生き方につながっていくのだろうと思われます。子供は家族との会話を通じて、コミュニケーション能力をはじめとして社会性を養っているのです。

家族といろいろとざっくばらんに話せる雰囲気をつくり、話す機会をもつ大切さは、学校の先生を始めとして様々な立場から言われますが、根拠があっての勧めです。

中には、仕事が忙しく子供と話す機会がつくれないといった場合も現実にはありますが、それでも、朝の挨拶や寝る前のおやすみ、あるいは、ごはんをつくりながらでもよいですから、何かしらの言葉をかけてやる働きかけをしましょう。子供の顔をしっかりみて、返事をしたり会話したりできれば、なおいいのですが。

たくさんの子供たちに接してみて、会話があり親子関係

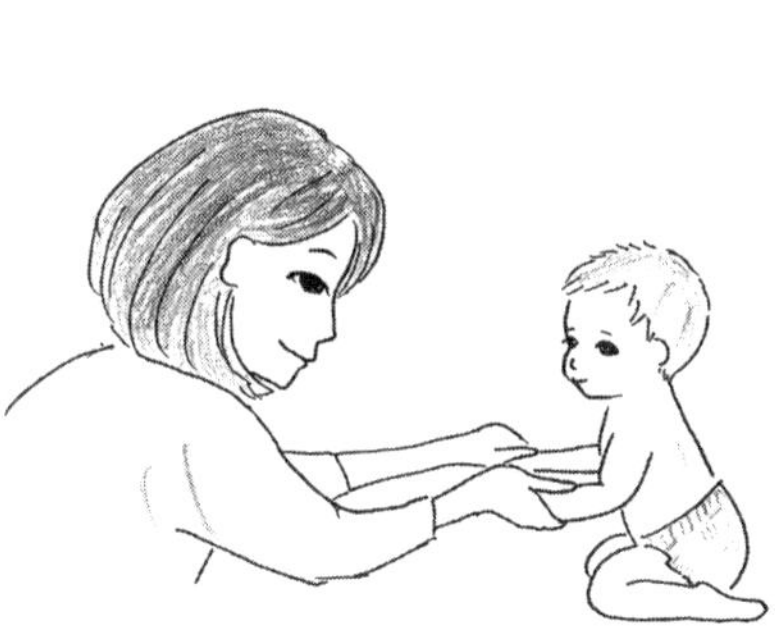

が良好な家庭に育った子供は、とても子供らしく感じます。子供らしいというのは、無邪気さがあって明るく活発ですなお、そんなイメージでしょうか。友達も多いですし、人への思いやりがあります。家庭の中でしっかりしつけられていて、家族同士仲がいいのだろうな、などとほほえましく感じます。そこには、必ず明るい会話があるでしょうし、楽しい家族とのふれあいがあるに違いありません。

大人の工夫によって、子供の気持ちは変わりますし、延いては行動にも変化が見られます。もう一歩踏み込んで子供と付き合ってみてください。

公平な人づきあいを

相手の肩書き、あるいは見た目で接し方や態度を変える人がいます。言葉遣いまで変わります。人柄やその人がもつ長所がどうであれ、相手の表面的なものだけで、高く評価したり低く見たりします。こういった人は、相手の人格や言動を尊重せず、自分との利害関係だけを考えて人とのつきあいをしているのかもしれません。そういうつきあいは、いずれは我が身に帰ってくるのだろうと私は思っています。

私にも経験があります。私が初めて教育委員会に勤務したのは、社会教育主事という職名でした。社会教育主事の仕事は教師が関わる学校教育とはほとんど無縁でしたから、少なくとも教育委員会内の教師からはほとんど相手にされず、むしろ差別される感さえありました。私を前にして「社会教育主事など、先生のする仕事ではない」と、職種を侮蔑するような管理職もいました。行事や酒席のときでさえも、何かしらの差がつけられ、理不尽さを覚えました。もともとは同じ教師なのにと悲しい気持ちにもなりました。

その後、指導主事の職に換わりました。指導主事は学校教育について指導する立場で、学校関係者からは一目置かれるようなところがあります。すると、周囲の態度ががらりと変わりました。態度や言葉遣いが明らかに違い、私を見る目が変わりました。気のせいではなく、姿、形として表れました。そんなに態度を変えて恥ずかしくないの、と思うくらいの変わりようでした。とても驚きました。昨日まで社会教育主事の同じ人物であって、中身は何も変わらないのです。公平や公正、正義、平等を教える教師とは思えないふるまいです。こういった接し方にはがっかりさせられます。一部ではありますが、世の中にはこういった人がいるのが現実です。

学校の先生のこんな姿を子供たちが知ったらショックを受けるでしょう。そういった言動に対して、善悪を判断し比正できる力があればいいのですが、未成熟で判断力が完全でない子供には無理があります。しかし、子供たちにまでそういった考え方や態度が身に付くのは、阻止しなければなりません。

大切なのは、家庭の中でも他人を見た目で判断したり、職業や経済力、身体的なハンディ等で差別したりしないようにする配慮とともに、そうならないようにするきちんとしたしつけです。軽率な会話によって、誤った接し方に結びつかないようにするのは、親としての重要な努力義務です。また、子供の言動にそういったものが見られたら、厳しく指導すべきです。

日本の憲法には「すべて国民は、法の下に平等であって、人種、信条、性別、社会的身分又は門地により、政治的、経済的又は社会的関係において、差別されない」とあります。これを子供たちにも分かる言葉で教え、実際の行動で示していただきたいものです。

万人を思いやれる人

人は他人に対して、多少なりとも好き嫌いがあり、好みがあったり苦手意識をもったりするものです。それぞれに生まれ育った環境は違いますし、育てられ方は十人十色です。短所もあれば長所もあり、それが人間らしいといえば、その通りです。そうと分かっていても、あの人とは距離を置きたいとか、できればつきあいは避けたいと思うのも、人としての本音でしょう。

とは言いつつも、自分の短所や欠点を考えれば、あるいは人間社会に生きる以上は、できるだけそういう態度は出すべきではないと、多くの人が日々の生活を送っています。

そして、広い気持ちでどんな人にも思いやりをもって、やさしく穏やかに接することのできる方はいらっしゃいます。人の悪口を言わず、過ちを赦してあげられる人でもあります。もっと、腹を立ててもいいのに、もっと愚痴を言えばいいのに、と思うような場面でもそういったものを表に出しません。

私が三十数年を過ごした教師生活の中でも、そんな教職員にたくさん出会いました。めんどうで難しい仕事にも愚痴はいっさい言わないで、黙々と責任を果たしたN先生。ベテラン教師で、職員の上に立つ立場ゆえに、謂れのない批判や反発にも、落ち着いて優しく対処する方でした。なかなか仕事が進まない同僚に声を掛けたり、さりげなく道筋を立ててあげたりできる方でもありました。

寒かろうが暑かろうが、はたまた汚かろうか危険だろうが、二つ返事で仕事を引き受け、それらをてきぱきと片付け、いつもにこにこと振る舞っていた用務員のMさん。時間外であっても、職員が教材作りや学校田の仕事でたいへんそうにしていたら、帰ろうとする車から降りて手助けをするような方でした。若い先生はとても助かったに違いありません。

保護者の理不尽な要求や勝手な振る舞いには、慈愛に満ちた態度で、教え諭すかのように接していたH先生。乱暴をした子供の親が、自分の子が叱られるのは納得がいかない、悪いのは相手だ、と食って掛かってきたときには、動じることなく微笑みを浮かべ、言い分をしっかり聞いてあげていました。その上で、丁寧に順序立てて理解を求める様には、親のほうが次第に恐縮していったという、思い出深いできごともありました。

例を挙げればきりがありませんが、この方たちに共通していえるのは、誰にでも思いやりをもって接することができる、という点です。これは人としてのやさしさであり、芯の強さであり、寛容さが成せるものと思うのです。そして、こういった職員は、子供は無論ですが保護者や地域の人たちからも、慕われて信頼されていました。よく声を掛けられて親しげに話す姿をしばしば見かけました。

欲はなく純粋に生きて、他人を思いやってきた人の当然の姿といえましょう。

4　よく考える子に

学校で教える内容と指導の方法を定めたものに、学習指導要領があります。教科のほかに、道徳や特別活動、外国語活動・外国語科（小学校）、総合的な学習の時間などについて詳しく書かれています。戦後9回改訂され、今回は、幼稚園・小学校・中学校のものが2017年3月31日に改訂告示が公示されました。移行措置を経て、小学校では、2020年度から、中学校では2021年度から完全実施されます。

改訂の度に、時代の実状や子供の実態に合った教育が進められるよう、教育課程の基準が定められてきました。そんな中、指導要領の内容に変化があっても、いつの時代であっても変わらずに、教育現場に求めてきたものがあります。その中のひとつが、思考力、つまり考える力です。今回の公示では、「未知の状況にも対応できる思考力」の育成が、明示されています。

もちろん学習指導要領など、難しいものを持ち出さなくとも、子供たちが生活を営む上で、考えるという行いは欠かせませんし、判断力や行動力に結びつくだけにとても大切です。学校に限らず、子供たちが生活する様々な場で、考える力を引き出し、伸ばしてやるかやらないかは、その子の人生を大きく左右するといっても過言ではありません。

決め手は考える場

学校教育において考える力を育てるのは必須であり、これ無くして学習など様々な活動が成立しません。ですから、あらゆる機会を利活用して、子供の考える場面を逃さない工夫が教師に求められています。そして、その場面を的確に判断して、子供に考える教育を施せる教師は力がある、と言っていいでしょう。

中には、広く深く考えさせられるチャンスなのに、それに気付かず、さらりと教育活動を終えてしまう教師がいない、とは言い切れません。

私の同僚だったある中堅教員は、児童や保護者からの信頼が厚く、教師としての資質が高い先生でした。彼は、算数や国語の教科等に限らず、掃除の仕方や学級集会の進め方、校外での活動などあらゆる機会を利用して、子供に考えさせてから行動に移させる先生です。

例えば、〝朝の活動〟（始業前の奉仕活動、係活動、委員会活動等）では、安易に時間の使い方を指導しません。この時間は必要なのか、必要であればどう使えばいいのか、を考えさせることから始まります。目的（子供たちにとっては願いや希望）を見出した上での活動が前提となります。

子供たちが必要感をもったところで、どうその時間を使い、何をすれば自分たちの目的が達成できるのか、についても考えさせます。多くの教師はなかなかここまではやりません。なぜなら時間がかかりますし、このようにするには相当の根気や労力が求められるからです。ですが、面倒で手間暇がかかる指導であっても、これらをやっておけば、長期にわたってしっかりとした目標もなく、やらされている感で活動するといった効果的ではない教育活動が避けられます。

無論、この先生のクラスは、快活で自主性に富んだ教室づくりを実現しています。そして、何をするにもよく考えて、適切な判断で実践するといったそんな集団が出来上がりました。

これを家庭でもできないでしょうか。大げさに思わず、少し気を楽にして我が子との生活を振り返ってみてください。

洗面所や玄関が汚れていたら、何かしら困らないだろうか。ではどうしたらいいのか、親が掃除をしない前提で投げかけたら、子供はどのように反応するでしょう。幼児期、少年期のそれぞれの段階に応じて考えさせられる場ができるわけです。お手伝いばかりではなく、知的な活動においても同様です。要は、簡単に答えを出さないで、したいことは何か、そのために必要な条件は何か、どうしたらそれができるのか、といった考えさせる機会を奪わないようにしてやるとよいでしょう。実践に移っても、まずは自分なりに考えさせ、やらせてみるという姿勢は保ち続けましょう。

使うほどに育つ脳

「頭は使うためにあるものだ」。未経験の出来事や困難な場面に出くわしたときの、父の私に対する口癖でした。まずは自分でしっかり考えて、判断し、実行してみる。それでだめなら別の方法を考えて、自分なりのやり方で解決しろという意味だと解釈しています。

学校でも「考える」といった意味合いを、教育目標に入れているところはわりあいに多いようです。「よく考えて判断し……」といったような表現で取り入れています。

これは、家庭や社会が、子供が考えて何かしようとする前に、手を出したり口を出したりして、段取りをしてしまってきた結果によるものかもしれません。失敗させたくないとか、たいへんな思いをさせたくないといった〝親心〟でしょうか。その結果、現代っ子は指示待ちといわれるように、積極的に自ら行動しようとしなくなります。

これに関連して、脳科学者の池谷裕二氏の研究に、興味深いものがあります。「記憶をキーワードに海馬の神経回路」という何だか難しそうな研究です。神経回路がどう機能したら外の情報を保存できるか、という研究です。

具体的には、脳には入力と出力があって、例えば本を読むことや漢字練習はインプットで、文を書いて表現したり、話して説明したりするのはアウトプットです。このアウトプットが大切で、アウトプットがしっかりやれるかどうかで、学んでいる内容が定着させられます。

つまり、これを子供の学習にあてはめると、復習であれば何度も参考書を読んで頭に入れようとするタイプと、問題を解くタイプとでは、問題をたくさん解くほうが、定着します。そして、池谷氏によれば、得られた情報は、それをしっかり使うことで脳に定着します。脳はいらないものは忘れていくようにできていて、必要なことしか覚えないそうです。したがって、入ってくるだけだと必要かどうかわかりません。そこで、使うとこの情報は必要だと認識して、定着するというメカニズムです。確かにこれまでの経験を振り返ると納得がいきます。

学校の授業でもインプットだけでは足りませんので、みんなの前で発表したり、書いたりしてアウトプットの機会をつくっています。料理の本を読んだだけでは、料理が上手にならず、実際に作ってみて身に付くのと同じです。これは、子供によって家庭生活や社会においても同じようにいえます。子供たちにアウトプットの機会を逃さず、与えるか否かは、その後の成長に影響を与えると容易に想像できます。

欲しがっても与えない

よく見かける現代っ子の姿に、地べたにべったりと座るという行為があります。道路だろうが店の前だろうがお構いなしです。穿いているものが汚れはしないだろうかといらぬ心配をしてしまいます。しかも、他人に不快感を与えている迷惑な行為にもかかわらず、周囲に気を配れないどころか幅を利かせた態度には、呆れさせられます。

こういうのが現代っ子のスタイルなのでしょうか。よく分かりませんが、私に言わせてもらいますと、こらえ情がないな、心も体も弱いなというのが実感としてあります。公共性に代表される道徳心の足りなさもあるでしょう。また、思慮分別という点においても問題です。「そこに座りたいから座る」では困ります。生育歴のどこかで、好きにさせすぎてしまった結果の現れかもしれません。

おそらく、好き勝手をしても注意されず、見過ごされてきたのでしょう。幼いころから好き勝手が許されるなら、頭や体がそう身に付いてしまいますから、当人たちにすれば、特に気にする行為ではないのでしょう。

子供たちの持ち物や身に付けているものを観察してみると、豊かな日本の一面を垣間見ている感じがします。文房具ひとつとっても、アクセサリーかと見紛うような高そうで派手なものをもっていますし、ゲーム機器を持つのも子供同士の中で、ステータスの一つになっています。自転車は当たり前ですし、キックボードやブレイブボードを持っている子も少なくありません。女の子はきれいに着飾ってファッション誌にも載る時代です。

また、小学生に人気のプレゼントは、電子ブロックや腕時計、天体望遠鏡、地球儀、顕微鏡などで、テーブルゲームやメイキングトイなども挙がってきます。

かつての国民総中流の意識がなくなり、貧富の格差がはっきりしていると言われている現代社会ですが、子供たちの姿を見ていると、豊かでぜいたくな感は否定しきれません。文房具に至っては、好きなだけ補充が利くかのように扱われ、存在感の薄いものに成り下がっています。教室の中に、鉛筆や消しゴムが毎日ように落ちており、その数が半端ではないのをどれほどの親御さんがご存じでしょうか。多くの子供は、文房具を無くしても探しません。探してもすぐにあきらめます。簡単に買ってもらえるのでしょう。私たちの世代が小学生の頃、短くなった鉛筆にキャップをはめて使ったり、消しゴムが小さくなり、指一本で転がして消していたりしたのを話せば、今の子供たちに笑われそうです。

これは生活水準の向上に加え、少子化により必要以上に子供を大事にする、といった風潮によるものかもしれません。もちろんそれぞれの家庭で、できるからしているわけで、それを否定するつもりはありませんが、子供の要求のまま、あるいは、子供に喜んでほしいと一方的に与えるマイナス面は、考えておきたいものです。

例えば、ものを大切にしなくなる、我慢する、耐えるといったことが苦手になる、金銭感覚がマヒする、感謝の気持ちが低くなる、などが考えられます。これらはやさしく思いやりのある豊かな人間性を育む上で、大きな障害となり得ます。

子や孫がかわいいから喜ぶ顔がみたい、十分に与えるのが幸せの一つであるとの思いは、すべてを否定できませんが、子供の成長に支障になるほどの与え方は明らかに問題があります。子供の成長を願い、将来に期待するのであれば、あえて〝与えない〟の選択肢もあり得ます。

不自由さが生み出すもの

私が小学生、中学生だった昭和30年代から40年代は、高度成長の時代に入り、経済が発展し家庭は電化されました。よく耳にする三種の神器（テレビ、洗濯機、冷蔵庫）は30年代に生まれた語です。昭和30年代の10年間でサラリーマンの給料は2・5倍になりました。豊かさの始まりです。昭和40年には〝いざなぎ景気〟によって高度経済成長時代に入り、好景気が続き国民生活はより豊かになりました。３C時代（車、カラーテレビ、クーラー）はそれを象徴しています。

それでも、この平成の世の中に比べたら便利さは、比較にならないくらいですし、現在のほうが恵まれている点はたくさんあります。

ただ、豊かで便利なのが、無条件でよしとしていいかどうかには、疑問があります。私の幼児期や少年期は今と比べ、足りないものがたくさんありましたが、素直に今を喜べないのも事実です。

それは不自由な面があるだけ、工夫したり助け合ったりする営みが日常の中にたくさんあったからです。人は足りない環境に置かれると、足りない部分を補おうとします。それは、子供であってもどうかしなくては、と考えざるをえないところに追い込まれるようになります。これが大切ではないかなと思うのです。

例を挙げますと子供たちの遊びです。今の子供たちは道具がないと遊べません。道具があっても遊び方は限られているので、そう工夫の余地があるわけではありません。道具や何かしらの遊び方のようにマニュアルみたいなものがないと、どうしたらいいのか、どう過ごせばいいのか、困ってしまうあり様です。何もないところから遊びを生み出すのは、現代っ子にとっては、至難の業です。

今と変わらず私が子供の時も野球は人気の遊びでした。しかし、バットやグローブは十分にはなく、体に合わないものを貸し借りしながらやっていました。例えば、振り回せないような大きなバットしかないときは、木材を拾ってきて、持ち手を持ちやすいように削り、怪我をしないように紙やすりで磨きます。グラウンドが近くにないので、田んぼか空き地を利用しますが、でこぼこしている所は土や砂をもってきて均しました。楽しく遊びたい一心で皆が、知恵を出し合い、協力して進めました。たったこの程度ですが、子供なりについた知恵や技術は、その後の考える力を育む上で役立つはずです。

今のおそろいのユニフォームに身を固め、先進技術の粋を集めた道具をもった野球少年にはうらやましいと思う反面、自分はそれにひけをとらない充実した野球をして

いたなと自負しています。

私のことばかりで恐縮ですが、北陸の寒い冬に手袋やマフラーを与えられなくても、寒さをしのぐ術は子供なりに考えて編み出せた気がしています。それは私だけではなく、周りがみなそうでした。それとは対照的に、新規採用で職場に入ってきた新人教師が、記念樹を植樹する際に、スコップでどう地面を掘ったらいいのか分からない、とさらりと言ってのけるのには憂いが残りました。

「もう」ではなく「まだ」

私が教師をしていて、多くの保護者に言いたかった中の一つがこれです。保護者と接する機会が多いので、実際にこれについて話す場合がありました。特に高学年や中学生の子供をもつ保護者の中に「もう5年生なのに、もう6年生だから」と言われる方が多いのです。「もう6年生なのに、勉強の習慣がつかなくて困っています」「できるだけ親は口出ししないようにしています」「小さい子供じゃないのだから、思い通りにさせています」などとおっしゃいます。一理はありますが、一人前扱いするには、早い場合もあるので見極めが大切です。もう小学生だから中学生だからではなく「まだ」の気持ちをもつのは必要です。

多くの家庭で、子供たちは自分の部屋をもっているようです。生活が豊かになり、進学熱の高さにも原因があるでしょうし、少子化の影響からか、部屋を与えてやりたいといった親心もあっての現状なのかな、と思っています。家を建てる際には、子供部屋を中心に考えた間取りにする例も増えているとも聞きます。子供部屋については、親子のコミュニケーションを減らす一因になっているとの指摘がある一方で、自立心を養うのに効果的といった考えもあるようで、一概に善し悪しは決められません。

ちなみに、自分だけの部屋を持っている割合は、小学1年生で25・4%、小学6年生では47・9%となっています。中学2年生の場合で66・4%です（2014年国立青少年教育振興機構「青少年の体験活動等に関する実態調査」より）

ところで、子度部屋をもたせる上で気を付けたいのは、子供部屋を子供だけの空間にして孤立させないという点です。別の言い方をすると、子供の生活要素をできるだけ居間に持ち込む工夫が必要です。そして、「〇〇ちゃんの部屋」であっても「ここは家の一部でみんなの部屋」などと、約束事をつくっておいてはどうでしょう。

家庭によってはプライベートの空間であると、子供の部屋に入るのをためらい、聖域のようにしているようですが、それは程度の問題です。家族が子供の部屋に入るのは、プライバシーの侵害などではなく、過剰な親の反応でしかありません。ノックぐらいはするべきでしょうが、親が子供の部屋に入るのに、何の遠慮がいるのでしょうか。親がお金を出して作った部屋であると、認識させるのも時には必要かもしれません。ですから、自分の部屋に親は入れない、でも部屋の掃除は親がするなどといった子供がいたら、それは親の立場から言って聞かせねばなりません。

ちなみに我が家は、息子や娘が高校生になったときもいつでも部屋に入っていきました。部屋を与えるときの約束ですから、息子や娘も当然と思っています。

誤った外出

もう大きくなったのだからと、繁華街をうろつくのを認めたり映画やコンサートなどの催しものに、子供同士で行かせたりする家庭があります。ですが、好ましくはありません。義務教育さえ終えていない子供に、自由に外出させるのが、自立心や行動力など健全な成長を促す、と考えるのは勘違いかもしれません。習い事やおつかいなどのように、危険が無く必要なところだけを行ってくるのはよいでしょうが、娯楽的な要素だけで外出させるのは問題があります。

少なくとも、義務教育程度までの年齢は、誘惑に弱いとかけじめがつけられないなど、未成熟な部分が多くあります。判断力が備わっていないわけですから、自由に外出ができるようになれば、快楽的なものを一層求めるようにならないとも限りません。知らなくてもよい社会の一端を知る場合も出てくるでしょう。大人になってから味わえば十分なことを、子供のうちから知る必要はありません。この年代にさせておくべきこと、見聞きしておけばよいことは、もっとほかにあるはずです。

私が担任していたT子という6年生の女の子は、〝楽しい世界〟を知りすぎたために、道を踏み外しました。

T子は店がほとんどない田園地帯に育ちました。わりあいに裕福で不自由のない暮らしでした。そんなT子の家から30分ほど電車に乗るとスーパーやゲームセンター、飲食店などが立ち並ぶ商店街があります。T子が5年生になった頃、校区内で遊ぶだけでは飽き足らず、同級生とその商店街に行きました。親と行くのとは違い、友達同士という気楽さも手伝って開放的になったのでしょう、楽しさも格別だったようです。毎週のように、遊興的な場所に行くようになりました。ゲームにもたくさんのお金を使い、マニキュアや口紅などの化粧品にも興味をもつようになり、やがてそれらを買うようになりました。

ここまではまだよかったのですが、頻繁に店に出入りしていれば、お金に不自由してきます。そこで思いついたのが万引きでした。お金がなければ盗めば欲しいものが手に入る。単純な理由でした。勉強すれば成績のよい子でしたが、善悪の判断がつかなくなるまでに、街中での遊びを覚えてしまいました。中学校に入ってからは悪い仲間とつきあい、荒れた生活で高校は退学したと聞いています。友達同士で外出するとすべてこうなる、というわけではありませんが、人は弱いもので、楽しい方へ楽なほうへと流れやすいものです。子供であればなおさらです。

避けて通れない親の根気

挨拶をしても返事が返ってこない、くちゃくちゃ音を立てて食べる、机の上がいつもちらかっている、決められた時刻に集まれない。これは子供の話ではありません。大人です。皆さんの周りに、こういった大人はいないでしょうか。

これは大人になる以前から、つまり子供の頃にしつけがされなかったり、直すべき点を直されなかったりした結果ではないかと思われます。こうなると、本人が気付かないうちに、そうなってしまっているので、人に不快な思いをさせたり人格が疑われたりしていても分かりませんし、結局のところ我が身にかえってきます。

そもそも「基本的生活習慣」とは、食事、睡眠、排泄、清潔、衣類の着脱の基本に加え「挨拶をする、時間を守る、生活態度をきちんとする、約束を守る」等が挙げられます。例えば、排泄というと子供が対象のように思われがちですが、公共のトイレの実態はどうでしょうか。排泄物が飛び散り、とても使う気になれない所もけっこう見かけますし、そこにある洗面所にしても、汚したままという場合も少なくありません。これは大人の仕業でもあります。要するに、基本的生活習慣が身に付いていないのです。

この点を家庭教育の面から考えると、思い当たる節があります。一般的には、幼児期に十分なしつけをされていないと、このようになります。発達段階に合わせてしつけられていれば、ごく自然にマナーを守る常識的な大人になるはずです。

つまり、小学校の高学年あたりになると「もう、高学年だから」としつける必要がない、あるいはしつけようとしても無理だと、考えてしまうのではないでしょうか。子供は未成熟であり、社会について知らない部分が多いとの構えで接していないのです。要のところで「まだ子供だ」という思いがあれば、中学生であってもしつける必要性がご理解いただけるのではないでしょうか。

安易に一人前扱いするのは、後々を考えると恥をかかせることにもなりかねませんし、良い人生が歩めるとは思えません。子供の人格を尊重する部分と「まだまだ未熟」と冷静かつ毅然とした子育てが求められます。いちばん困るのは、当の本人ですから。

子供が自分の力で考えて判断し、行動できるようにするには、人として備えるべき最低限の事項が、身に付いていなければなりません。基本があるから考えに及ぶわけで、例えば思いつくままにチェックしておきたいものを挙げてみます。

・家族間で「おはよう」「おやすみ」「いただきます」「ごちそうさま」「いってきます」が言える
・近所の人に会ったら挨拶をしている
・睡眠を十分にとっている
・洗顔をきちんとしている
・部屋が片付いている
・三食食べている
・持ち物を大切にしている
・家庭での約束、社会のきまりを守っているか。約束を破らない
・人の話が落ち着いて聞ける

幼児教育の重要性を示し、教育論の先駆けとも言える貝原益軒の「和俗童子訓」には次のくだりがあります。

「凡そ子を教ゆるには、父母厳にきびしければ、子たる者、おそれ慎みて、親の教えを聞てそむかず、ここを以って孝の道行はる。父母やはらかにして、厳ならず、愛すぐれば、子たる者、父母をおそれずして教行れず、戒めを守らず、ここを以って父母をあなどりて、孝の道たたず」つまり「父母が子供を厳しくしつけずに、甘やかしてかわいがりすぎると、子供は父母を軽蔑し行儀が悪くなり、人の道に背くようになってしまう」ということを教えています。

反抗期のとらえ方

多くの親がもつ悩みのひとつに、反抗期の接し方があります。「反抗には意味があるので、受容してやるべき」「成長の過程で必要な時期」などの捉え方があります。

第一反抗期、第二反抗期などといったりしますが、反抗期なんてなかったという家庭もありますし、

あっても時期がまちまちだったりします。言葉に振り回されるのもどうかなと思います。

反抗期の時期にくると、親は過剰に反応する場合があります。反抗期だから親が口を出せない、どうせ親の言うことなどきかない等、反抗するのは当たり前、のように考えているのでしょう。成長する上で、そのような過程があるのは自然かもしれませんが、それは程度の問題です。

心理学や教育学の専門家の意見を参考にしながらも、我が子については、親としての自分がいちばんよく分かっている、との自覚はとても大切です。反抗期は誰にも当てはまるといいながら、当てはまり方が違う、というように考えてみてはどうでしょう。

例えば、中学生になったときに反抗したとします。成長の過程で反論できるようになるのは当然なのに、やたら反抗期だからと必要以上の反応を親がすると、かえって親子間がぎくしゃくします。適当に聞き流し、時には受け入れて何ごともなかったように、済んでしまう場合もあります。

そもそも反抗期など〝甘え〟との捉え方もあっていいと思います。反抗できるような環境にあること自体が、恵まれていると子供に教えてもいいかもしれません。世界には恵まれない子供たちがたくさんいて、住むところがなかったり、その日の食べるものに困ったりしている例がいくらでもあります。そういった子供たちには、反抗する余裕などありません。生きるので精一杯ですから。甘えは許されないのです。このような実例を「別の世界」「遠いところの話」と簡単に片付けたくありません。日本にもかつて、そんな時代があったのですから。

子供たちには「あなたより恵まれない子がたくさんいて、反抗したくてもそれどころではない」と、教えてやるのも時にはあってよいかもしれません。ですから、反抗期という言葉に振り回されて、対応を誤るのは避けたいものです。「親の言うとおりにしない」とか「親の言ったことを守らない」のは絶対にいけない、許さない、としつけられてきた子供が、よい子に育っている例はいくらでもあります。毅然とした親の姿勢は持ち続けたいものです。友達みたいに仲よくしていたら、ある時期から言うことをきかなくなった、というのでは情けなく後悔するばかりでしょう。

あめとむち

我が家の場合は、反抗期がいつだったのかよく分かりません。それほど意識してこなかったというのもありますが、多分子供たちは反抗しても無駄と思っていたかもしれません。長女は小さい頃に「うちは、反抗期なんていうものは認めないぞ」と、冗談まじりに妻と話していたのを聞いていたらしく、反抗するのはあきらめていたようです。何でもかんでも抑え付けてしまうのは、人格形成上よくないと考えていたので、そのようにはしていないつもりですが、反抗期は認めない、という言葉は心に残ったようです。おかげさまといいましょうか、我が儘で自分勝手で筋の通らない反抗はなかったように思っています。この長女が結婚式の親への手紙を読む中で「厳しく育てられました」との一文は苦笑いするしかありませんでしたけれど。

結局のところ、反抗期が分からなかったというよりは、どうでもよかったのです。人が反対の意見をもったり行動したりするのは、誰にでもありますし、必要な場合だってあります。それが決まった時期だけが、そうだというふうに捉えるのはどうかなと思っているだけです。

家庭ごとに方針や信念はそれぞれにありますから、このやり方しかないというようには考えないで、親として子を思い、正しいと思う方向に導くといった信念をしっかりもっていればいいのだろうと思います。

最近の中学生には、反抗期の傾向が失われつつあるようです。早熟なために、小学生のときに反抗期が済んでしまったとか、反抗する前に親がいろいろ手を尽くして反抗するまでもない状態にしたからだとか、いろいろいわれています。それがよいか悪いかは分かりませんが、依然として反抗期の我が子に、手を焼いている実態はあります。

そこで、場面に応じて「あめとむち」を上手に使い分けるのはどうでしょう。何でもはいはいと、聞いてやるような甘やかしはよくありませんし、厳しさだけで従わせようというのでは、そのうちに親子関係にひびが入るかもしれません。やはり、〝適当な〟あるいは〝よい塩梅〟な親子の接し方が求められます。数字で表せるようなはっきりしたものではありませんが、何をどこまで受け入れてやるか、そのためには親としてどういった条件を示すか、などを判断する必要があります。これは、「欲しがっているゲームソフトを買ってやるから、その分勉強しろよ」という次元でないのは、お分かりいただけると思います。

また、「いちいちうるさい」「大きなお世話だ」と反発されて頭ごなしに叱りつけるのは考えものですし、かといっていつもそう言う我が子を、無条件で受け入れるのも問題でしょう。「あめとむち」を上手に使っていきたいものです。

頭が悪いとは

頭が悪いから考えるのが苦手という人がいます。頭が良い人から良い考えが出てくるという人もいました。そもそも、頭が悪い良い、をどう捉えればよいのでしょう。何をもって頭の良し悪しを指すのか、などを真剣に考えることはあまりしないかもしれません。一般的には、テストの点数が良いとか偏差値の高い学校に行っているとかでしょうか。あるいは、立て板に水のごとく、流ちょうに話す人を指す場合もあるでしょう。確かに、周りにはそれらを肯定する人は大勢いますし、捉え方の一つとしてはあり得ます。

しかし、難関校を出て高級官僚になったものの汚職に手を染めたり、国会の場で子供にも分かるような嘘をついたりする人を見て、頭が良いなとは言い難いわけです。公文書を改ざんする役人に対しても同様でしょう。悪知恵が働いて、他人をだまして金儲けをしている人がいます。そのため、世の中でたいへんな騒ぎになっても気に病むこともなく、平気な顔で豪華な暮らしをしている人を、頭が良いとは言いたくありません。

学校の中で考えてみると、テストで百点とった子が周囲に自慢する姿は、まことの頭の良い人がとる態度ではないと、教えるべきです。子供たちには幼いうちから、真の頭の良さ、について教え込んでおく必要があると思います。もちろん、テストで良い点が取れればそれにこしたことはありませんが、奥ゆかしさや謙虚さが備わった上での頭の良さである、という考え方は、人格形成上からもとても重要です。学があれば賢くて、頭が良いなどといった考え方が社会に蔓延すれば、世の中の廃れようが想像できるというものです。

私の母親の世代では、中学校卒は珍しくありません。現在のように高校進学率98・8%（2017年度）とは時代が違います。ですから、学んだ時間に合わせて、学んだ内容や量、質はずい分と違いますが、それでは、この時代の人たちは、頭が悪いでしょうか。もちろんNOです。衣食住に代表される生活の仕方、冠婚葬祭、慣習、社会常識等など、私たちの知らないことをたくさん知っており、それを賢く生活に生かしています。特に、子育てに関しては、だいたいはこの世代の教えを聞いていれば、健康や安全、躾など広範囲に渡って役立ち、間違いを最小限に抑えられます。私など、一人目の子の時に、熱を出したり理由の分からない異状な様子に出会ったりしたときなど、ずいぶん安心させられました。

教科の勉強はとてもよくできるのに、世の中のことを知らないとか学校で習った範疇以外はどうしてよいか分からないというのでは、ほんとうに頭が良いのと問われても反論できないのではないかなと思います。やはり、学んだ知識に加え、それに伴う知恵があり応用できる頭の良さは本物と言えます。そして、そこには良識が備わっているというのを必要条件にしたいと思います。

考えを産む「知識」

学校では、学習の記録として観点別に学習の状況を評価します。子供たちには、学期末に渡す通知表にそれらが載せられています。

小学校を例にしますと、「関心・意欲・態度」はどの教科にも共通しています。これに加えて、国語であれば「話す・聞く能力」、「書く能力」、「読む能力」、「言語についての知識・理解・技能」が観点としてあります。算数なら「数学的な考え方」、「数量や図形についての技能」、「数量や図形についての知識・理解」です。

それぞれの教科毎に、その教科の特質に合わせた観点が置かれていますが、関心・意欲・態度のほかに、多くの教科にあるのが「考える」能力に関わる観点です。そして、もうひとつ挙げられるのが「知識・理解」の観点です。

学校教育では、これらすべての観点を意識して、子供たちの教育に当たるわけです。ところが、困ったことに、〝知識を身に付ける学習〟ですとか〝知識を量る学習〟を軽視する教師が、わりと多くいるように感じてきました。

義務教育で学ぶ学習には、たくさんの覚える内容があるのに、それらに時間をかけず、思考力や表現力を重視する傾向にあります。もちろん、これらはとても大切で、ますます必要とされていくに違いありません。私も、教育目標の中に、考える力や表現する力の育成を掲げてきた一人ですが、その前提として、知識が兼ね備えられているのでなければならないと考えてきました。

6年生の社会科の時間で「武士のおこり」を扱った授業を参観する機会がありました。概要としては、武士はどのようにして生まれ、武士社会として発展していったかを考える授業です。6年生の子供たちは自分なりに考えて、意見を述べ合うのですが、ほとんどが根拠に乏しく自分の想像やイメージだけの発表になってしまいました。歴史は点で勉強しても理解できません。通史の中で時代をとらえ、時代背景を理解した上でなければ考えようがありません。つまり、考える材料となる知識があってこその、歴史的課題に対する自分の考えといえるわけです。

旅行に行ったときでも同じことが言えます。有名な神社仏閣を訪れて、すばらしい歴史を感じる、で終わってしまっては物足りないものです。それらに関係する知識があれば、見学の仕方は変わってきますし、時代に思いを馳せて様々に思考できようというものです。

要は、知識がないのに考えよ、というのはどだい無理な注文です。何かしら知っているからこそ、考えが及ぶ、知恵ができる、と考えなくてはいけないのではないでしょうか。したがって、6年生の社会科の授業のように、それまでの出来事やそれに伴う人々の動きをしっかりとらえていないと、考えるという学習の目的が達成できなくなります。

日常の生活の中でも、機会を捉え子供たちの知識が豊富になるよう、見学したり体験したり、そして話を聞かせてやるなどしてやることで、考える力が育つと期待できます。

本に投資

2001年に「子ども読書活動の推進に関する法律」ができました。第1条には「子どもの読書活動の推進に関し、基本理念を定め、並びに国及び地方公共団体の責務等を明らかにするとともに、子どもの読書活動の推進に関する必要な事項を定めることにより、子どもの読書活動の推進に関する施策を総合的かつ計画的に推進し、もって子どもの健やかな成長に資することを目的とする」とあります。国をあげて読書を勧めています。

とはいうものの本を読むことに興味を示さない子供に、読書を勧めるのはなかなか骨が折れます。親子読書は効果がありますが、それに加えて心掛けるべきは何でしょう。

それは、本を買うのをためらったりおろそかにしたりしない姿勢です。子供に本を買い与えるのは、親として義務のひとつくらいに考えたいものです。家計の都合もあるでしょうし、本に対する考え方も人それぞれですが、本にはお金をかけるだけの価値があります。家の中に本が並んでいる環境は子供にとって知的好奇心を刺激しますし、読書への興味関心を高めるための入門です。

まずは子供が興味を持ちやすい本を購入してみましょう。子供にも趣味趣向はありますから、取り掛かりはそれでいいと思います。昔ばなしや童話が好きなら日本や世界のいろいろな話がありますし、野球が好きならベーブルースとかイチローのような大選手の伝記、音楽好きならモーツァルトやショパンの物語、日頃から動物や昆虫に関心があればシートン動物記やファーブル昆虫記というように選び方は多岐に渡ります。

本を図書館で借りるのもよいでしょう。図書館が遠ければ公民館や地区センターのような行政施設でも貸し出していますので、手軽に本は読めます。親子で図書館に出かけること、それ自体にも意義がありますので、お勧めしたいと思います。

私が担任をしていたときには、主な日本の名作と世界の名作を一覧にして、子供たちにもたせていました。夏目漱石の「ぼっちゃん」や太宰治の「走れメロス」、ビクトル・ユーゴーの「ああ無情」やバーネット夫人の「小公子」など代表的なものをそれぞれ50作品ずつ表に

して、読んだらチェックしていきます。「感動したら◎、わりとおもしろければ○、それほどでもなければ△」を付けるようにしました。強制するのではなく、読みたいと思ったときのためにこんな本もあるよ、程度に知らせておくのが目的でした。ちょっとしたことですが、子供たちはこれを参考に読書に役立ててくれたようです。意欲のある子は、日本の名作50冊を目標になどと決め、楽しんでいました。

ドリル学習を活用

ドリル学習は、反復練習や訓練という意味で、一定の動作を何度も繰り返して行い、体で覚える方法です。私が小学生の頃は学校で計算ドリルや漢字ドリルが、盛んに取り入れられていたのを思い出します。それが、ドリル学習は知的理解を軽視し、様々な考え方やものの見方を妨げるとの捉え方をする時期があって、少し下火になりました。

しかし、近年は基礎基本の定着や学力が低下しているなどから、その対応のために、再びドリル学習に力を入れるようになってきています。

その理由としては、学習活動そのことをしっかり知るとよくわかります。学習活動は理解と練習で進められていきます。〝理解〟は学習内容を考える活動によって理解することで、〝練習〟は行動の仕方や技能を体験で身に付けることです。ドリル学習は、そのうちの練習にあたります。算数や国語に限るものではなく、例えば、体育の運動技能や音楽の楽器演奏を考えるとよりわかりやすいかもしれません。これらを頭の中で理解したからといって、それが、身体で表現できるかというと無理な話です。何度も繰り返して練習するからこそ、身について表現に結びつきます。ですから、ドリル学習を単純作業ととらえず、学習内容を身に付けるための不可欠な要素として、取り入れる必要があります。

同じように「繰り返し覚える」といった作業も、学習活動には大切です。人の学習の初めは「言葉そのものを繰り返して覚える」からで、「意味の理解」は後であると言われます。例えば、意味が分からず暗唱した百人一首であっても、後々、教養や知性の素になります。よく分からなくても、頭のやわらかい覚えのよい頃にしっかり覚えておけば、高校生ぐらいの年齢になるとその意味は自然に分かってきますし、深い理解につながります。さらに国語力等の強化にもなります。

暗唱といえば、「数学は暗記もの」という考え方さえあります。それは学習内容が理解できない場合です。理解した上で自分の知識にというのが普通の在り方でしょうが、そうでなくともよい場合です。つまり、やり方だけを覚えただけですが、成長に伴い、理解に必要な知識や思考力がついて、ある時、すっと理解できるようになります。「今は理解できなくても、とりあえずやり方を覚える」といった学び方があってよいのです。

暗唱によって学ばせてきた例を紹介します。

・湯川秀樹　…幼少期から四書五経の素読と暗唱
・イギリス王朝　…ラテン語の古文の素読と暗唱
・ユダヤ民族の教育　…幼児よりユダヤ経典の素読と暗唱

参考までに付け加えますと、ノーベル賞受賞者の3分の1はユダヤ系です。

祖父母は子育てのベテラン

「三世代同居」は都会では死語に近くなってきたでしょうか。地方でも少なくなってきているように感じます。多くの子供たちにとって「おじいちゃん、おばあちゃんは離れて暮らす人」といったイメージが定着しているかもしれません。少し寂しい気がします。もちろんそれぞれの家庭の事情ですから、一括りにして評価するには無理があります。ただ、三世代が同居できる可能性があるのであれば、お勧めしたいのです。違う世代が同居する家族関係は、子供の豊かな人格形成にはとても効果的です。

平成元年の三世代同居世帯は全体の14・2％でしたが、平成28年には5・9％になります。（2016年厚生労働省「国民生活基礎調査」）実際の数字では559万9千世帯であったのが、294万7世帯になったのですから、かなりの世帯が減ったことになります。

様々な事情によりこの数字になったのでしょうが、おじいちゃん、おばあちゃんの長い人生経験による

子育ての知恵や、技術には得られるものが満載です。衣食住全般を中心に幅広く奥の深い子育て術は生かすべきです。

子供を育て上げ、一人前にするまでの経験は貴重です。病気やけがの際にはどうするか、健康によい食べ物や日常生活の心掛け、社会人としての良識や様々な危機管理まで、得られるのは広くかつ奥深いものです。私など、子供が熱を出したりお腹をこわしたりした際には、ずい分と父や母に助けてもらいました。慣れていないとどうしていいか分からず、おろおろしてしまいます。病院へ連れていけばいいのか、時間が経てばなんとかなるのか、分からないのです。そんな時に、経験を積んだ両親のアドバイスや対処法は、とてもありがたかった覚えがあります。休ませ方はどうしたらよいとか、食べさせて効果があるのは何だとか、しばらくすればよくなるとか、とても安心できたものです。医学的というのではなく、経験に裏付けされた的確なアドバイスでした。

そんな中でとても大切なのは人間性に関わる部分です。何十年も生きてきた中で培われた人としての生き方やものの考え方は、ぜひとも孫に伝えたい知識と知恵です。

人との接し方、社会に生きるための立ち居振る舞い、困難に出くわした場合の対処の仕方など、子供たちが自分で考えて生きていかなければならない術の基本が学べるはずです。

学校によっては「祖父母学級」というのを開催しています。おじいちゃん、おばあちゃんに孫の学校生活を見てもらい、理解をより深めふれあいの機会にしてもらうのが主なねらいです。外孫、内孫にかかわらず大勢の方が参観されます。中には子より孫がかわいいとばかり目を細めて孫の学ぶ姿を参観しています。子供たちはというと親のときとは違い、緊張感がなくにこにことリラックスした様子が伺えます。こういった雰囲気を醸し出すのは祖父母と孫の関係ならではでしょう。

ためらってはいけない親の介入

「子を養いて教えざるは親の過ちなり　教えて導くことの厳ならざるは師の怠りなり　親教え厳にして悟らざるは子の罪なり」

これは私が勤めていた学校の会議室に掲げてあった書の内容です。会議に疲れると、ついそれらに目がいってしまい、いつもなるほどと感心して読んでいました。親の責任と覚悟、教師（学校の場合）の構えと務め、そして子供自身の姿勢と努力を戒めています。短い言葉の中に、教育や子育てにあたる際の人としての有りようが示されています。

特に、「子を養いて教えざるは親の過ちなり」は私たち親にとって、耳の痛い言葉です。仕事が忙しいとかこのぐらいはいいだろうと、きちんと教えるべきなのに、教えてこなかったと反省させられる点があります。

私には子育てで、とても悔いが残っていることがあります。つまり、親の責任はしっかり果たしているのか、また、親になった以上はそれなりの覚悟をもっているだろうか、ということです。今でも、その思いは強く、よい父親ではなかったかもしれない後悔もあります。

その一例が、親として我が子を正しく導いてやれたかという点です。多分、間違ったことをしたり、人に迷惑をかけたりというのは、あまりないかもしれません。ですが、甘えないで自分に厳しく、人のために自分を犠牲にして尽くせるだろうか、などと少し心配しています。めんどうで苦手なこともしっかり取り組むだろうか、と親として多少なりとも心残りがあります。

身近に例をとりますと、家事を十分にさせなかった後悔があります。もちろん、今からでもさせればいいのでしょうが、小さいうちに炊事、洗濯、そうじをしっかりさせておけばよかったと反省しています。

我が家は三世代同居でして、手前味噌で恐縮ですが、父も母も働き者でした。そのため、子供たちの出番が少なくなってしまった気がしています。それは、親としての私の責任ですが、甘えがありました。例えば、食事の支度は母と妻で事足りてしまい、子供たちにさせるべき役割を、ずいぶんと減らしてしまいました。そうすると料理もそうですが、包丁の使い方、台所の整頓など未熟さが残ってしまいました。私は子供がかわいいので、いろいろさせて苦労させておかなければという考えですが、足りませんでした。気づいたときは、受験勉強や部活動に追われ、ゆっくりと家事に取り組ませるのがますます難しくなってしまいました。食器洗いと味噌汁づくり、食卓の片付け程度はさせてきましたが、もう少し積極的に子供に役割を与えるべきでした。

親になってみると、これまでの成功体験や失敗例などから、子供に言うべき点やさせるべきものは描けるのではないかと思います。それを阻むものはそれぞれにありますが、少なくとも、我が子には遠慮せずに投げかけてやらせてみるといった姿勢は必要です。親が引っ込む時期はまだまだ先です。

5　行動力のある子に

「行動力がある」というと集団の中では中心的存在で、活発で明るくかつ機転が利いて、てきぱきと動く姿を思い浮かべます。積極的に周りに指示できたり、機転を利かせて対処できたりする。そんなイメージもあります。

そういった面は確かにありますが、地道に目立たなくても、こつこつ行動するタイプもいます。誰も手をつけないでいるのを、高い処理能力ですばやく片付けてしまう人や、努力して困難を乗り切り実行力を示す、そんな人もいます。

いずれも行動力があるといっていいでしょう。こういった行動力もまた、おそらく、幼児期や少年期にその土台が築かれ、多くの経験を経て確かな力となって表れてくると思われます。

子供のうちはそれぞれに個性があって、環境の違うところで育つわけですから、確かな力とするには、それぞれに成せばよいことは異なるかもしれません。まずは子供なりに、やるべきときにやるべきことをきっちりとやれるのが、行動力の基になる気がします。

時間厳守は基本中の基本

「時は金なり」といいます。それほど時間は大切なもので、子供の世界にあっても時間は貴重ですし、生活の様々な場面で時間を守る態度は、幼いうちから養っておかねばなりません。時間にルーズな大人はいますが、おそらく幼い頃から時間に無頓着な中で育ってきたのだろうと想像できます。

私が住んでいる地域には、「とやま時間」なるものがあります。少しくらい時間に遅れても、仕方がないという風潮を表しています。これがあると遅れてきても、申し訳なさが減ると考えるのか、けっこう平気でその場に来ます。ほとんどは時間を守ってその場にいるのですから、迷惑な話です。私は時間に関しては、わずかでも遅れそうになるとはらはらどきどきするタイプなので、時間厳守を心掛けています。ですから、とやま時間は受け入れ難いものがあります。

私は新しいクラスを担任する度に、どの学年であろうと必ず、子供たちに二つのことを話しておきます。それは「いじめは絶対に許さない」、そして大事なもうひとつが「時間を守る」です。

いじめについては、今更言うまでもありませんが、実際のところ、教師の中にはいじめに無頓着で、それほど気を配れない者がいます。しかし、それでは子供はたまったものではありません。集団があれば、いじめあるいはそれに近いようなことは、いつでも起こる可能性があります。そのため、子供には早いうちから、いじめるという行為は恥ずかしく、情けないことであり、絶対にしてはいけないと、しっかり教えておかなければなりません。

それと同様に大切しているのが、時間を守らせる、時間は守るべき、という点です。

日々の生活、活動の中で学ばせていかなければなりませんが、初めに宣言しておくのとしないのとではずいぶん違います。小学生でも初日の言葉は、案外忘れないもので、かなり効果があります。教え子たちが大人になってクラス会を開いたときに、何人もの教え子が「先生は時間に厳しかった」と言います。確かに私の場合、集合時刻に遅れたり、下校完了時刻になっても、だらだらと帰らずにいたりするとき等には叱りました。

「時間を守れる人は、何でもきちんとしている」が、私の持論です。みんな集まっているのに、いっしょに集まれなかったり、約束した時刻に平気で遅れてきたりするような人は、他のことでも人に迷惑をかけがちであったり、だらしのない面があったりするものです。なかにはどうしてこうも毎回時間を守れないのだろうと、あきれさせられる人もいます。

子供であっても社会の一員ですから、人間社会で生きていると自覚させ、時間を守らせるのは最低条件です。時間を守る子供は、身の回りがきちんとしていますし、他の約束もきちんと果たすなど責任感があります。また、礼儀正しいとか、公共のものを大切にするとか社会性も備わっています。これらのどちらが先なのかはわかりませんが、友達からの信頼も得られている様子を見ると、やはり時間は守らせるべきと思います。

今日なし得ることを明日に延ばすな

私はこの言葉を座右の銘にしてきました。40年以上も前に何かの本で読んだ、アメリカの政治家であり学者でもあるベンジャミン・フランクリンのこの言葉が印象的で、実行するよう心掛けてきました。

たぶん、私に足りなかったからだろうと思います。青年期に知った、この言葉はかなりインパクトがあり、分かりやすく常日頃から必要な事がらですから、なおのこと心に残ったのだろうと思います。ですから、この言葉に従うよう、できるだけ実行してきたつもりです。が、気が緩むと、今日やってしまうべきなのに、明日に延ばしてしまう不甲斐なさもあります。

今しなくてはならないことをすぐにやるというのは、なかなか困難です。つい、明日こそと思い、先に延ばしてしまう場合が少なくありません。苦手なことや慣れないこと、めんどうなことは後へ後へと延ばし、しまいにはやらずに済ませてしまいがちです。しかし、それでは勉強にしても仕事にしても、溜まっていく一方で、進歩も成長も遅れがちになるでしょう。思い切って飛び込む気持ちが時には必要です。

そこで、幼いうちから自分に関係があれば、すべき時にすぐに取り組み、片付けてしまう気持ちや実行力を養いたいものです。

例えば、学校から帰ってきて、かばんが放り投げられていたら、すぐに決められたところへ持っていく習慣をつけましょう。「後でやるから」はいけません。宿題は思いっきり遊んで、落ち着いてからやるという考え方でもいいと思いますが、しつけに直結する場合はその場で実行させましょう。ご近所へ頼まれたものをもっていくのに、「明日もっていく」を認めてしまっては、次も同じ繰り返しです。信用を無くすくらいに大事なものの場合だってあるでしょう。すべきものをすぐにしておけば、間違いはないのですから。

まずは、身の回りにある基本的で、取り組みやすいものを引き延ばさず、すぐにさせれば、その後多少は面倒でも億劫にならず自然に行えるようになります。

ここでも例外をつくるのは禁物です。やり易いものや好きなことはすぐにやるけどそうでないものは、いつかそのうちにというのでは、身に付くものも身に付きません。子供に何かしら身に付けさせるのは、かなり根気がいりますが、身に付けたものが崩れるのは、あっけないものです。

やがて子供たちが社会に出たときに、信頼され大切な仕事を任されるタイプの一つとして、目の前の仕事を後に回さずに、てきぱき片づけてしまうというのがあります。大人になれば自然とやれる、というものではありません。幼い頃に身体に染みついた態度は、大人になってもそう変わりません。仮にはじめはやれても、長期に渡るとぼろが出るものです。

現代っ子のシンドローム

子供は元気なものと言いたいところですが、中には学校で朝から物憂げで、やる気の見られない姿を目にします。これは特にめずらしい光景ではなく、どの学校にもどのクラスにもいそうです。朝の挨拶から分かります。伏し目がちにようやく声を絞り出す子供もいれば、しょんぼりと声さえ出ないこともあります。身体の調子が悪いのか、悩みや不安があるのか、その子なりの理由はあるのでしょうが、やはり、溌剌とした笑顔で日々を過ごしてほしいと願うのは、私だけではないと思います。

こういった現状に関係するでしょうか、理化学研究所ライフサイエンス技術基礎研究センターで、子供の疲労についての研究成果が出されました。「小児慢性疲労症候群」というそうで、何やら深刻さが伝わってきそうな症状です。大人の慢性疲労はあり得るでしょうが、子供となるとなかなかやっかいな気がします。

症状としては、原因不明の疲労が3か月以上も続くのだそうです。その特徴としては、健康な子供が左脳を使うときは前頭葉を使いますが、こういった子供の場合は、左脳に加えて右脳の前頭葉などいくつかの部分が、過剰に活性化することにあります。毎日の生活の中で、無理をしている場合になりやすいようです。突然発症して、疲労感のほかに頭痛やのどの痛み、筋肉痛など症状は様々です。また、集中力も下がってきますし、自律神経機能の異常から呼吸や循環、代謝、消化などの体の機能にも支障が出る場合もあります。悪化すると、学校生活がスムースに送れなくなり、かなりたいへんです。大人に比べて治る確率は高いようですから、多少はほっとします。

子供たちの心身は大人が考えている以上に、デリケートで複雑かもしれません。子供が子供らしく、元気いっぱいに活動できるような支援は、常日頃から大切であるとあらためて認識させられます。

もうひとつ、フクロウ症候群というのがあります。昼と夜が逆転してしまって、夜型の生活から抜けられなくなった状態です。明らかな睡眠障害で、不登校児の7割がこれに当てはまるといったデータもあります。頭痛や関節痛を起こす場合もありますし、睡眠が不足しているわけですから、やる気がなくなりイライラします。学校にきても考えがまとまらず、判断力が鈍ります。また、人と会いたくなくなったり、しまいには耳鳴り、立ちくらみを訴えたりする場合もあります。「キレる」行動にもつながるというのですから、眠らないというのは恐ろしいものです。

ひきこもりや不登校、不登社の権威である小児科医の三池輝久氏によれば、眠りが足りないと体のサイクルが狂い、生体リズム異常に伴う睡眠障害を招き、しまいには不登校や引きこもりを招く場合もあるとのこと。また、子供の睡眠の質がよくなくても、やがて学校に行けないとか、新しく覚える機能が働かないとか、最後には生命維持能力さえ低下する場合もあるといいます。

つまり、人は「眠るべき時に眠る」につきるといえましょう。乳幼児から寝る時間帯に暗いところで布団に入る、当たり前の行動をとればいいわけです。幼児や小学生が眠くないと言っても、親は部屋を暗くして布団の中に押し込むぐらいの行動力を発揮しましょう。ひとえに親の姿勢にかかっています。「夜は寝て、朝は起きて朝ご飯を食べる。そしてトイレにも毎日行く」生活こそ、健やかに子供を育てる初歩です。

私の本音としては、店が深夜まで営業していたり、テレビが遅くまで放映されていたりする、といった点にも課題があると思っているのですが、反面では社会が要求しているものでもありますから、簡単に否定できません。

今のところ心得ておくべきなのは、眠りをじゃまする原因をできるだけ取り除き、それに打ち勝つ強い意志であるとか、実際に行動で示すのが重要であろうと思います。まじめに子育てを考えているのであれば、そう難しくはないでしょう。

人は何によってつくられるか

戦争中から戦後にかけて、ルバング島に29年間も日本軍の任務のために、ゲリラ活動を続け潜んできた小野田寛郎さんをご存知でしょうか。その強靭な精神力と肉体には、ただ驚くばかりですが、その小野田さんが、人間は何によってつくられると思いますかの問いに、まずは先天的な性質と性格をあげた上で、「次に家庭です」と答えています。

つまり、家庭の中で培われる様々な精神面や肉体面、生きるに必要な知識や知恵、技術などの能力、あらゆるものに対して、家庭の重要性を挙げています。それは勤労面にも当てはまります。少子化傾向のせいでしょうか、子供に役割を与える、つまり仕事をさせる家庭は、案外少ないのではないかと思われます。我が子にはたいへんな思いをさせたくないとか、勉強でがんばってくれればそれでいい、といった考えも少なくないからでしょう。一生苦労も困難もなく過ごせるならいいのですが、世の中はそうはいきません。やがて外に出て働き、人と関わっていかなければなりません。そう考えたときに、家庭で働くという体験は貴重です。

仕事に就くと分かりますが、仕事をてきぱきとこなす人とそうでない人、意欲的に取り組む人とそうでない人は、見ていればよく分かります。周りの人は仕事ぶりで人物を評価するというのが現実ですから、そうなると仕事ができない人というのはかわいそうですし、働くことに意欲をもてないのも同様です。

これにはいろいろ原因はあるでしょうが、子供の頃から、働く経験の乏しさにも原因があると思われます。気持ちの上でも身体の面でも、どうしようもなくなっているのではないかと考えられます。子供の頃から家族であると意識させ、その中で家族としての役割を実践してきた大人と、そうでない大人とでは、日頃の言動なり醸し出すものさえ違います。家族としての役割を果たしてきた人は、責任感がありますし、人と協調しなければならないのも分かっています。また、家族と支え合って生きていくと、人としての思いやりやさしさが身に付いてきます。

働く経験の機会は、家の中を探せばいくらでもあります。それを見付け出して子供に取り組ませ、習慣付けることこそ子供時代から必要です。

小野田寛郎さんの場合は非常に特殊ですが、人生はどういう場面に出くわすかわかりません。我が子の20年後、30年後を見据えて家庭のあり方を親子で探ってみたいものです。

学校で、子供の姿を見ていても、家庭で何かしらの役割を担ってきた子供とそうでない子供とでは、すでに人格面において差が出てきています。辛抱強さやもの事への持続力といったものも感じます。小野田さんが言われるのはこういう点もあるのでしょうか。

しっかり食べてこそ

行動するには、体力、知力、気力が必要です。そして、これらの源になるのが三度の食事です。ところで、子供たちはしっかり食べているのでしょうか。

2018年度の全国学力・学習状況調査（国・公・私立）によれば、朝食を毎日食べていますかの問いに、毎日食べていると回答した小学6年生は84・8％でした。中学3年生の場合は、79・7％です。別の見方をすれば、これ以外の子供たちは、毎日朝ごはんを食べていないと捉えられます。つまり、2割前後の児童生徒が、朝ごはんを食べずに午前中の半日という長時間に渡り、おそらく空腹の中で学校生活を送っています。

では、朝食をはじめとして食事を抜くと子供はどうなるのでしょう。一般的に言われている点をおさらいします。

・成長を妨げる（身体と脳への栄養補給の面から）
・生活リズムが乱れる
・心が安定しない（いわゆるキレやすい）、ものごとに集中できない

自治体では朝食のレシピをホームページに掲載しているところがあります。忙しく料理がままならぬ家庭のために、手軽で栄養バランスが良いメニューが並んでいます。農林水産省も「めざましごはん」と称して、簡単にできる朝ご飯のメニューや作り方を掲載して、朝食欠食の改善を推進してきました。

つまり、こういったニーズがあるという証しでしょうし、同時に深刻な問題として国や地方自治体が捉えているわけです。朝ごはんの重要性が認識されていないとか生活習慣の乱れなどによるものではないかと想像できます。

このほかに学力面から食事を捉えた調査結果があります。全国学力・学習状況調査からは、朝食を摂る児童生徒ほど、学力調査での得点が高い傾向にあるとのデータです。学ぶという子供たちの活動には、食べるという行為が影響を与える証しといえましょう。

学校に勤めていて感じるのは、食べない子供は元気がありません。すぐに「疲れた」と言って、投げ出してしまいます。体力はもちろん、気力面でも食べている子供よりは格段に落ちると感じます。もう少しがんばればやり遂げられるのにと思われるような場面でも、ふんばりが効かないのです。そういった小さな積み重ねでも、1年

が終わってみるとさまざまな能力の面で大きく差がついてしまいます。

　私が勤めていた学校での例です。T君は朝食を食べずに登校してきます。母親も父親も作らないからです。親も朝は食べませんし、夕食は買ってきたものですませる家庭です。あるとき、お腹がへって動けなくなってしまいました。力が入らなかったのでしょう。学校へなんとか着いたとたんに座り込んでしまいました。目にも力がありませんし、無気力な状態でした。飽食の時代といわれている現代に、空腹で動けなくなる子供がいるのです。そのままにして置けないので、牛乳とビスケットを食べさせてやりました。が、胃が小さくなってしまっているのか、ビスケット2、3枚でいっぱいになり、それ以上食べられませんでした。

　担任に聞きますと給食も食が細く、たくさん残してしまうようです。とてもかわいそうでした。あらためてきちんと食事を摂る大切さを思い知らされました。

「自分で」という基本

　子供に、自分のことは自分でやらせる、という方針に反対の方はまずいないでしょう。誰もがわかっており、そうしたいと思っているからです。ただ、ここで問題となるのは、何を自分でさせるのか、どこからどこまでさせるのか、について分からなかったり自信がなかったりする場合が、案外多い点でしょう。

子供たちの学校での忘れ物について、例を挙げてみます。

忘れ物をしやすい子供の家庭では、毎朝、口やかましく言われながら、本人が用意すべきものをしっかり把握できていなくて、抜ける場合があります。その場合、親のほうは子供以上に分かっていない場合が多く、徹底しないで妥協してしまいます。結局のところ忘れてしまうというパターンです。

また、本人も持ち物や家庭でやっておかなければならないものに無関心といいますか、それほど気にしないケースが見受けられます。この場合は、翌日は当然ながら、〝忘れ物〟につながります。

無関心となると、これはなかなか難しいのですが、ほとんどの家庭では、我が子に忘れ物をさせないようにとの思いのはずです。ですから、必要なものを前日に用意する習慣をどうやってつけるか、というしつけの問題になってきます。

まず基本の構えとして、我が子の失敗も厭わない、こらえる、ということが求められます。そして、自分のことは自分でさせる、という親としての強い意志もまた必須の要素です。

近頃は、子供が失敗しないように、つらい思いをしないようにと、先手を打ってすぐに口に出したり、手伝ってやったりする場合が多くありませんか。学校で叱られたらかわいそう、悲しませたくない、という〝親心〟でしょうか。それは理解できないわけではありませんが、そういった親心は、子供にとって甘えの構造から抜け出せませんし、いつまで経っても社会で求められる行動が身に付きません。大人になっても、子供の頃に失敗した過ちを繰り返す可能性が大きいかもしれません。本当に我が子がかわいいのであれば、一時の辛さを味わわせるのも、時には必要です。

自分のことは自分でやらせるようにして、初めのうちはできなくて失敗しても、根気よく、我慢して取り組ませる経験をぜひ試していただきたいと思います。

幼いうちから、自分のことは自分でやる、といった姿勢が身に付いている子供というのは、やはりたくましく感じます。子供同士でもそういった見方をします。そして、自立心や責任感、創意工夫の力、チャレンジ精神が身に付くということを強調したいと思います。

行動力には導火線があればよい

我が家では、不十分ながら3人の子供たちに、それぞれ仕事を分担させてきました。家の中の掃除場所を決めて、多少の田畑があるので、作業を手伝わせたり春から夏にかけて草むしりをさせたりと、身近にある仕事をさせるようにしました。食事後の食器洗いもさせました。時々さぼってしまうときもありましたが、そんな態度にははっぱをかけ、親が一緒にやって習慣付けるよう努めました。子供なりに家族の一員であると自覚させたかったので、約束した以上は最後まで取り組ませるようにもしました。

子供なりに食事の支度もさせたかったのですが、時代の変化や社会環境が変わり、また学校での諸々の活動や部活動、勉強などで子供たちなりに忙しいようですから、毎日は無理なのかなとそれはあきらめました。

そこで考えたのが土日や祭日での、味噌汁作りです。我が家は、食事に味噌汁が欠かせません。私がもの心ついた頃からそうでした。近ごろは味噌汁を作らない家庭も珍しくないようですが、我が家では家族みんなが好きですので、毎食食卓に出ます。乳幼児期から食べ慣れたものはずっと好きといいますが、我が家の場合は味噌汁がその一つです。

作らせる際には具を選ぶところからです。3人の子供たちが、それぞれ空いている食事どきを選んで一人で担当します。最初はその子の好みで作られていくので、それはそれで個性が出て楽しめます。たかが味噌汁と思うなかれ、です。子供たちがそれぞれに自分で作ったわけですから、それなりに誇りがもてますし、おいしさの反応が家族から聞けるのも楽しみなようです。

余裕があるときには、おかずを一品作るようにもしています。見よう見まねでさせているので、出来の良し悪しにはこだわりません。つくるという体験に意義があると考えていますから。また、食器洗いやテーブルの片付けも子供たちの役割です。

おかげで少しは体を動かすことを覚え、洗面所を磨いたり玄関を掃いたりと他の仕事を見つけてやれるようになってきました。誰でも経験があるように、何かしらの体を動かす機会が与えられれば、人はそれに伴って動くようになります。長続きさせたり根負けしないようにさせたりしたいと思えば、少しの声掛けやいっしょに行うなど、簡単な働きかけがあれば、けっこう習慣付きます。しまいには、苦でなくなり生活の一部として、自分のものになっていきます。

昔の子供と比べればたいした労力ではありませんが、責任と継続を大切にして取り組ませてきた次第です。ちなみに自分の部屋の整理整頓や掃除は仕事の中に入れていません。

キャリア教育を意識して

時代の流れでしょうか。キャリア教育と呼ばれる学習が教育の世界に入ってきました。簡単にいうと、「子供たちの勤労観や職業観を育てる」のをねらいとしています。つまり、自立できる能力を育てていきます。例えば、インターンシップはこれに入ります。今の子供たちには必要分の勤労や職業など働くことへの意識が低いと考えればよいのでしょう。

　こういった教育を、取り入れなければならなくなった理由はいろいろありますが、特に若者の勤労観や職業観が未熟である、職業人としての資質や能力が下がってきている、生産活動に関わることや社会性などの面に、関心が低く能力面でも遅れているなどが挙げられます。また、文部科学省「キャリア教育の推進に関する総合的調査研究協力者会議」の答申によれば、「若者が職業について考えたり、職業の選択・決定を先送りにしたりするモラトリアムの傾向の高まり」を挙げています。以前からメディアを賑わしている、若者が働かなくなったらこの国はどうなるでしょう。以前からメディアを賑わしているフリーターやニートの問題と深く関係しています。

　これは家庭にも責任があります。勤労観や職業観は、世の中で身に付ける前に、基本的な考え方やある程度の知識は、家庭で身をもって教えておくべきものだからです。

　盲目の門付け芸人で、津軽三味線を世界にまで広めた高橋竹山は、幼い頃から働いて稼ぎ、一人で生きていくことを強いられてきました。それは極貧であったことに加え、目が不自由であるという、大きなハンディのためでした。差別され、世間から虐げられても食べていかなければならないとの、必死の思いから、三味線弾きの道を選ばざるをえなかったのです。

ある音楽番組で、高橋竹山のリサイタルを放送していました。落ち着き払った物腰の中に、謙虚で穏やかさを印象づける人となりでした。演奏が始まると打って変わり、画面を通しても演奏に身を投じる気迫が伝わり、近寄り難い鬼気せまるものさえ感じさせられました。演奏が進む中、ハプニングが起きました。弦が一本、プツンと切れてしまったのです。いったいどうなるのだろうと、見ていた私が不安になりました。ところが、高橋竹山は何ら動じることなく、何事もなかったかのように演奏は続けられました。素人の私ですが、演奏に支障があったようには聞こえませんでした。幼い頃から必死の思いで、三味線一本で生きてきた人物のすごさをまざまざと見せつけられました。

こういった状況に、今の子供たちを当てはめるのは難しいのですが、ただ人が生きていくために働くという行為は、極々自然で当たり前の営みであると教育しなければならない時代の要請があります。親として真剣に考えてみる価値はあります。

同答申では、キャリア教育を進めるための条件整備の中で、保護者との連携を強調しています。家庭の役割を自覚してほしいと訴えているのです。その部分を抜き書きします。

「子供たちに、様々な職業生活の実際や仕事には苦労もあるが、大きなやりがいや達成感もあることを家庭の中で有形無形のうちに感じ取らせたりすることが重要である」

「9時になりました。お子さまはねましょう」

時代背景の影響をまともに受けて、睡眠時間の不足が社会現象になっています。深夜のコンビニエンスストアやファミリーレストランで、子供を見かけるのは、珍しい光景ではありません。朝方までやっているスポーツ中継の話題には、翌日にちゃんとついていけます。とにかく夜に何かをして過ごすには、事欠かない世の中ですから、こういった子供たちには起きている理由があるし、価値があるのでしょう。しかし、これを「時代だから仕方がない」で済ますのは、問題があります。

「9時になりました。お子さんはねましょう」60歳代以降の方なら覚えておいででしょう。夜9時になったら、テレビの画面にこういったテロップが流れていました。最近では子供向けの番組の際には「部屋を明るくして離れてみましょう」の文字が映されています。視力低下が著しい子供たちの現状から、配慮されたのでしょう。

話を戻しますが、私の場合は9時になったら、子供は寝るものと思っていましたし、私の親も寝かせるのが当たり前という生活スタイルでした。おかげで今の子供たちのように寝不足で、授業中に居眠りというのはありませんでしたし、元気に日中を過ごせていたように思います。

これを、今の子供たちには通じないとあきらめてはなりません。そもそも人の体は、人類が誕生してから今日まで、夜は寝て朝になったら起きるようにできています。大人にはいろいろな事情がありますから、一概にはいえませんが、少なくとも幼年期（0〜5歳）や少年期（6歳〜14歳）においては、夜は寝させて、十分な睡眠時間を確保し、規則正しい生活を送らせることなしに、すくすくと健全に育てるなど無理な話です。

学校で子供たちからよく聞く言葉の中に、朝から「疲れた」「眠たい」があります。

午前中はぼんやりとして学習に集中できなかったり、全力で取り組めなかったりする子供はどのクラスにもいます。また、少しのことで「疲れた、休みたい」と口癖のように言う子供も増えている気がしています。こういった子供は実際に眠たいですし、ほんとうにだるいようです。原因の多くは寝不足と考えられます。そういう子供の実態を探ってみると、夜遅くまでテレビゲームをしていたとか、漫画を読んでいたとか、近ごろは、メールのやりとりで時間を費やす子供も出てきています。完全に夜型の生活になっています。中には深夜まで親と出かけて、遊んできたという例もあります。親公認の夜更かしです。

子供にとって寝不足の影響は、たいへん大きく深刻です。学習に集中できなければ必要な学力は身に付きませんし、体育の時間や休み時間に思いっきり体を動かせないのでは、健康な身体はつくれないでしょう。

少ない睡眠時間による影響をまとめてみると、以下の点が挙げられます。

・学習習得に悪影響がある
・情緒が不安定になり、感情が抑えられない

・免疫力が低下する
・肥満になりやすい
ではどのくらいの睡眠時間が必要かといいますと、およそ次のように言われています。1歳〜2歳は11〜14時間、3歳〜5歳は10〜13時間、6歳〜13歳は9時間〜11時間です。運動量が多い子供はさらに睡眠が必要です。

夜は家にいるもの、夜は怖いもの

私が子供の頃は夜遅くまで起きていようとすると、「おばけが出るよ、さらわれるよ」などと今思えば滑稽ですが、そう脅かされ早く寝させられたものでした。そういうこともあってか、夜は外になるべく出ないものと習慣になっていたように思います。ですから、夏の花火やホタル狩りのときでも遅くならないよう時刻を気にしていました。

それは昔の話で、今の子供たちには通用しないとしてしまうのは、いかがなものでしょう。子供を寝させる必要性に、今も昔もありません。少し堅い話になりますが、人の体には様々なリズムが刻まれています。その代表的なものが「朝起きて、夜眠る」という「睡眠覚醒リズム」です。また、「地球時間」に合わせて生きる人間が、お日様の光を無視する生活のスタイルは、どのように考えても不自然といえましょう。

ところで、子供たちは学校の中で実に多くを学びます。教科の学習ばかりではなく、集団生活でのルール、思いやりや正義などといった人との接し方など多方面にわたります。その際に、気を配るべき基本的なことがあります。それは「例外をつくってはいけない。例外を認めてはいけない」ということです。

例えば、毎朝子供たちによるスピーチの時間を設けているとします。子供たちは毎日やるものと思っているのですが、「今日は都合でやりません」とか「時間がないので明日にします」では、せっかく築いてきた習慣が、崩れてしまいます。集団生活を送るには決めたこと、守らなければならないことがたくさんあります。ですから、やったりやらなかったり、守ったり守らなかったりでは正しい生活習慣や根気強さ、秩序の観念など身に付けるべき大切なものが育たなくなります。教師の中には、無頓着で気にならないからか、その時どきで方針を変える者がいます。こういった教師は子供たちから信頼は得られませんし、場合によっては学級崩壊につながります。

現代は犯罪など別の意味で、夜は怖いものになる場合もあり、子供たちには、夜は家にいるものと幼いうちに教えたほうがよいでしょう。これは、睡眠との関係で考えるならば、規則的な生活習慣、つまり正しい生活リズムが身に付きます。そして、人が寝るべき時間帯に、睡眠をとるといった当たり前が、人間らしい生活につながります。

体験と得意が行動の源

子供が行動できる場を用意してやるのも親の務めです。やってみよう、挑戦しようといったところで、始めから難しいものでは無理があります。そこで行動力の源になる〝得意なこと〟に出会わせて続けさせてみるのは、有効な手立てのひとつです。

それは芸術の分野かもしれませんしスポーツかもしれません。また、器用であればそれが生かせる道もあるでしょう。一つの教科で力を伸ばす場合もあります。例えば国語であればことわざであったり、漢字であったりとピンポイントで得意をもたせるのも効果があります。

私の教え子に、父親が小学校の中学年頃に電気製品の配線図を持たせてみたら、それに興味を示し、6年生になった時には大人でも読み取れない専門的な配線図が理解できるという子がいました。周りの子供たちはちんぷんかんぷんで、とてもついていけないのですが、得意そうに説明していたのを覚えています。この子はひとつ得意な分野をもって、他のことにも積極的に取り組むようになったよい例でした。

元オリンピック選手で、マラソン銀メダリストの君原健二さんの例です。東京、メキシコシティ、ミュンヘンと3回オリンピックに出場した往年の名選手です。一見すると線の細いやさしそうな感じの

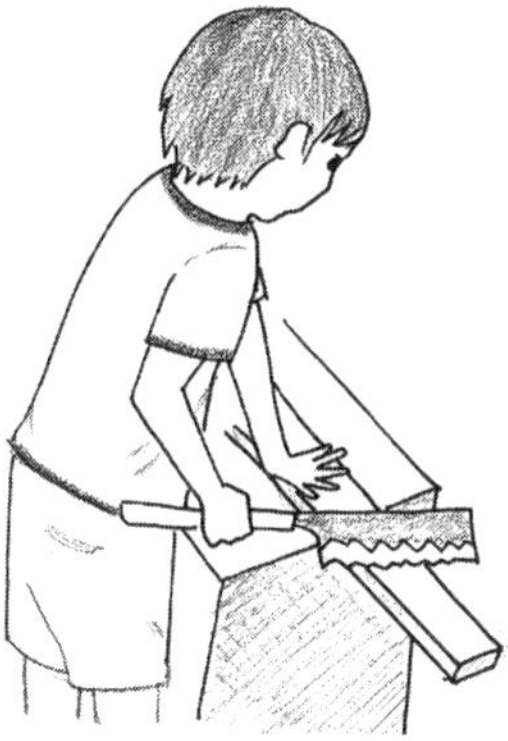

方ですが、競技歴は輝かしく、努力によって花開かせた典型的な方です。

そんな君原さんですが、実は、小学校の時は勉強もスポーツもだめな子でした。運動会で1位になったことは1度もありません。ではなぜ、名選手と言われるまでになったのか。その理由を二つ挙げています。

一つは、子供のときから劣等感を味わったために、少しでも恥をかかないようにしようと、君原さんなりの〝向上心〟をもつようになったこと。もう一つは、勉強ができないなりにも、算数がよくできるねと評価されたからでした。それがきっかけで算数が好きになり、そのうちに得意になってきたのだそうです。それが、走るようになってからも常に頭の中で計算し、ラップタイムの設定につながりました。

走るきっかけについても君原さんらしいのは、気が弱くて駅伝に出るのを断り切れなかったからでした。乗り気ではない中で走ったのでしょうが、なんとか陸上競技を続け、就職してからも陸上競技を続けました。その時も「自分は一流選手になれるはずがない」と固定観念にとらわれていたのだそうです。それでも周りの人には努力していることを示したい一心で走り続けました。君原さんの人間らしさを感じさせるエピソードです。

どの子供にも可能性があります。それは何がきっかけとなるかは分かりませんが、君原さんのような行動力のあり方もあるのだと、考えさせられました。

私が小学校や中学校の頃には、体験活動という語はそれほど世に広まっていなかったのではないか、と記憶しています。それは、今の世の中ほど便利ではありませんし、遊ぶ範囲も広く、けっこう危険なこともできました。また、普段の生活の中で、様々な体験ができたからかもしれません。

小学生の頃、しばらくはプールが備わっていませんでしたので、水泳といえば川でするのが普通でした。その間、川魚をつかまえたら燃えやすい流木を集め、川原で焼いて食べました。マッチと醤油さえもっていけば、バーベキューの真似事ができました。ウグイは腹わたを取りますが、あゆはそのままで食べるというのも学びました。高い樹木の上に板を敷いて〝秘密基地〟を作ることもしました。どこが安全で危険かとか、縄の縛り方だとか、得る者はたくさんありました。遊びでは道具をほとんど使わなかったのが、私の年代以上の方ならごく普通だったでしょう。おかげで、たくさ

ん の知識が身に付きましたし、少しばかり知恵も付いたような気がしています。

前述の小野田寛郎さんですが、この小野田さんの著書に、興味深い内容が載っていました。

小野田さんは、平和な日本に帰国してからも、寝ているところを突然起こされると、反射的にうつ伏せになってから起き上がったのだそうです。寝ている時に起こされるのは、敵襲以外になかったからです。また、ジャングルという自然の中で、30年も生活していると、味覚に敏感になるらしく、帰国して鮎の塩焼きを食べたら脂臭くて食べられなかったといいます。そういうものを餌として与えられた養殖の鮎だったからです。鶏の唐揚げは、ぬか臭かったそうです。養鶏場の餌にぬかが入っていたからでしょう。ですから、ハモのように養殖できないものなら食べられたと述懐しています。

日々、不自由で過酷な生活の中で「今日は死ぬかもしれない」「明日は殺されるのでは」と神経を研ぎ澄まして生きてきた小野田さんならではの興味深いお話です。その後小野田さんは「小野田自然塾」を開設して、様々な体験ができる場を作りました。

心がない行動

人の行動は気持ちが伴って起きるもの。当然ですが、気持ち次第で子供の行動は違ってきます。気の持ちようや持たせ方次第で成長の仕方は違いますし、人格形成にも影響を与えるはずです。

その行動に関わることに「プログラム駆動症候群」というのがあります。心理学の用語で、自分の気持ちによって行動するのではなく、自分の外からの刺激や働きかけなど「行動の手順」が与えられ、それに乗って行動するしかないことをいいます。つまり、「心がない」行動です。

心がない行動とは、穏やかではありません。そんな行動があるのかと考えれば、思い当たる節はあります。学校の休み時間に、とりとめもなく廊下を歩いている子供や、周囲に言われるがままに、なんとなく動いている子供など見かけます。しっかりと意志をもって行動しているようには、とても思えないのです。単に、消極的なタイプとは言えない場合が確かにあります。

心理学者の三森創氏によれば、プログラム駆動には抑制や躊躇がない、修正・調整がない、途中停止がきかない、周囲の状態よりも自分の行動に固執する、加害意識や行動の責任がない、前後の行動が一致していなくても葛藤しない、といった特徴があります。

何やら最近の子供の傾向を表している感じがしますが、事は深刻といえそうです。では、プログラムとなるのはどのようなものかというと、テレビ、ゲーム、雑誌の記事、などが挙げられます。子供たちの身近にあるものが、場合によって、マイナスの方向に向かわせてしまうのを知っておく必要があります。具体的な行動としては、例えば、コンビニエンスストアでたむろするのも援助交際をしてしまうのも、プログラムをなぞれば、自分の中に動機がなくても時間を使えるからです。そのため、集団の中で試行錯誤しながら、自分の心を確かめていけるように大人の支援が、時と場合に応じて大切であると分かります。

ここで大切なのが、子供に対し、心を確かめさせてやれるよう親としての働きかけがあるかどうかでしょう。子供の行動に対し気に掛けることもなく、無関心でいるのを重ね、年齢を経た時にどのような心をもった我が子になるかを想像してみてください。危機意識をもって行動しなければならない現代社会において、「心がもてない」言動は危険すら感じます。自身の考えをしっかりもち、人間らしく行動できる環境に、子供たちを置いてやりたいものです。

足りない我慢

文部科学省では幼児期までに育ってほしい姿を、具体的に次のように示して、小学校での工夫と改善を求めています。

> 健康な心と体、自立心、協同性、道徳性の芽生え、規範意識の芽生え、いろいろな人との関わり、思考力の芽生え、自然との関わり、生命尊重・公共心等、数量・図形・文字等への関心・感覚、言葉による伝え合い、豊かな感性と表現
>
> 文部科学省「幼児期の終わりまで育ってほしい幼児の具体的な姿（参考例）」より

どれをとっても必要な姿であり、小学校、中学校に進むにつれて、より確かなものにして、レベルを上げていくことが大切であろうと思われます。

私もこれらの点を踏まえながら、子供たちの教育に携わってきたつもりですし、目標の中に入れてきました。

そんな中で、特に気になっていたのが、子供たちに我慢する気持ちが足りなくなっている点です。具体的に示すと、辛いことや難しいこと、めんどうなことに耐えて取り組む意欲と実践力です。現代っ子は概して、経験のないことや手間暇かかること、困難なことには避けて通り、たとえやってはみても途中で投げ出す場合が少なくありません。厳しく言われても、批判的で楽な方に流れる傾向にもあります。これでは、やがて大人になって働き、家族の力になるというような点で、支障が出てくるのではないかというのが、私の心配しているところです。

難病の進行性筋ジストロフィーにより、首から下の運動機能を失った春山満さんの存在を知りました。26歳で病気の宣告を受けながら、30代で介護・医薬品開発会社を立ち上げました。奥様は病気のことを承知で結婚され、子供をもつことを望まれました。そして、二人の息子さんに恵まれました。

春山さんは　手も足も動かせない体でどうやって子育てをしたのでしょう。計り知れない苦労と努力があったと、容易に想像できます。でも、奥様の「なんとかなるわよ」の言葉に励まされ、息子さんは、それぞれ立派に成長されています。

春山さんの言葉を借りれば「二人の息子は百点満点。素直で元気に育っているのに、何を減点する必要があるでしょうか」とすばらしい評価です。これだけでも幸せな家庭であるし、子育ての成功が伺い知れます。

ならぬことはならぬ

親の甘やかし、子の我がまま、これが合わされば相乗効果により、なかなかやっかいな家庭ができそうです。これが、家庭の中だけに止まれば、他人が言う筋合いではないでしょうが、たいていはそうはいきません。他人に迷惑をかけ、終いには自分の品格を落としてしまい、信用を無くす羽目になります。

かつて会津藩（現在の福島県西部と新潟県及び栃木県の一部）では、6歳になると、子供の教育のために「什《じゅう》の誓い」を教えました。什は会津藩士の子弟を教育する組織のことで、藩士子弟グループととらえるとよいでしょう。その誓いは七つです。

年長者に背いてはならぬ
年長者にはお辞儀をしなくてはならぬ
虚言を言ってはならぬ
卑怯なふるまいをしてはならぬ
弱いものをいじめてはならぬ
戸外でものを食べてはならぬ
戸外で夫人と言葉を交わしてはならぬ

となっており、「ならぬことはならぬものです」と結びます。

これらのほとんどは現代にも通用しますし、人のふるまいとして欠いてはならない教えです。特に、嘘をついたり恥ずべき卑怯な行為をとったりするのを戒めているのは、ぜひ子供たちに教えたい内容です。

幼い頃からそういった教えの中で育てば、ごく当たり前のようにふるまえるのだろうと思います。

また、弱いものをいじめてはならぬ、は現代社会において大きな問題になっているだけに、会津藩の良識は注目に値します。私が教師になって以来、指導方針として常にもっていた点がこれです。それは、学校や教室において、「弱い立場の子をなくす、つくらない」といった目標であり、教育実践上の義務と考えました。そして、学校教育のような集団教育の場では、真っ先に成すべき重要課題です。これを目標にし、実現しないで学校といえるだろうか、というのが私の考えでした。ですから、会津藩の教えは非常に共感できます。

子供はしっかりしているようでも未熟です。判断力においても劣ります。とすれば、「什の誓い」は自制心を育て、自らを律して集団生活や社会に慣れ、より充実した人生を送らせるためのよい手本になります。

最後に7つの誓いを受けて「ならぬことはならぬものです」と強調しているところ

に、この誓いの迫力が伝わってきます。

子供の今日的課題

視覚と聴覚の重複障害をもっていたヘレンケラーは、こんなことを言っています。

「十分な時間をかけて努力を続ければ、成し遂げられないことなどないのです」

自身の不自由さを克服しながら、障害者の教育や福祉の発展に尽くした人の言葉には重みがあります。普通であれば、生きるだけで精いっぱいかもしれないのに、人のために人生をかけるなど、そうできるものではありません。ヘレンケラーの精神力や行動力は、人並みはずれているとはいえ、少しでも学びたいところです。

そこで、彼女の行動力にあやかるべく、現代の子供たちがもっている課題から、行動力を養うヒントを見付けたいと思います。

文部科学省では、その課題について次のように挙げています。

・学ぶ意欲や学習習慣が十分ではない
・規範意識が低下している

・自然体験のない青少年の割合が増加している
・活字離れにより読解力が低下している
・体力が長期的に低下傾向にある
・偏食、朝食の欠食等食生活の乱れや肥満傾向の増大等健康への影響がある
・優れた芸術文化に触れる機会の充実が必要である

これらは広範囲に渡っており、様々な能力に結びつくものではありますが、克服すれば子供たちの行動力につながると思われます。それには、家庭や地域がその教育力を発揮するのが条件としてあります。初めから子供が自主性をもって、挑戦させようとしてもそれは無理があります。子供にとっては、未知の内容や自力では経験までにたどり着けないものはあるわけですから、最初の支援といいますか導きはどうしても必要です。

つまり、それぞれの解決に結びつくような場に置いてやったり、機会を提供したりする大人の支援が欠かせません。大人が何もしないで、近頃の子供はと嘆いてみても何の解決にもなりません。子供は未熟です。保護者をはじめとした大人の支援があっ

てこそ、子供はすくすく育ちます。

支援のコツとして、教育者であり哲学者であった森信三は次の言葉を残しています。

「例外を作ったらだめですぞ。今日はまあ疲れているからとか、夕べは睡眠不足だったからと考えたら、もうだめなんだ」。

あとがき

　思いつくままに書いてはみたものの、書き終わってみると、父と母の影響とその存在の大きさを感じないではいられませんでした。父とはけんかをしたり歯向かったりと、けっしてよい息子ではなかったように思います。母に対しては、我がままを言って困らせたり、自分勝手な言い分を通したりして、不肖の息子でした。それでも、自分が親になり家を支える立場になったとき、頼りない面は多々あるでしょうが、曲がりなりにも今日までやってこられたのは、両親に育ててもらったおかげと、あらためて実感しています。

　私に長所や多少なりとも何かしらの力があるとすれば、それも親の教えや育て方に因るものが多いのだろうと思っています。横道に逸れそうになった時に、親の愛情を思い出し、軌道修正できた苦い思い出もあります。

自分の短所や足りない部分を考えると、それも親の影響や育て方かなと思うこともあります。多分、私の子供たちも、私の少しばかりのよいところと共に悪いところも身に付いてしまっているだろうなと、申し訳ない気持ちになります。

高校卒業後は進学しないで、パイロットかコックになりたいと思っていました。パイロットの場合は国内で取得するのは難しいと分かり、外国で取ろうと400万円ほどの借金を親に頼みました。父にはあっさりと、そんな金はないと断られました。それじゃコックにと話したところ、とりあえず大学に行って、それからじっくり進路を考えたらどうだと、これも実現できませんでした。

今にして思うと、父は私の資質や性格を考えて、こいつには無理だろうと判断したのでしょう。息子の甘さも分かっていたのだろうと思います。

それから40年以上が経ちました。親になって、自分を振り返ったときに、親らしいだろうか、子育てをちゃんとやれたのか、など反省と後悔ばかりです。それでも、わずかながら私なりの信念と、親から受け継いだものは、我が子に伝えられたのではないかと、自負の気持ちが少しはあります。

おかげさまで子供たちは、働くようになるまでにはなってくれました。子育ての中で、いろいろ心配したり悩んだりの連続でした。ひとつうまくいったら、別の厄介ごとが出てきて、その繰り返しの子育ての日々でした。それでも、喜びのときもちゃんとあって、幸せを感じられました。

子育てはたいへんだけれどしあわせ、そう考えれば苦労を苦労と感じないのではないかなと思うのです。子が授かったありがたさをあらためて感じています。

著者略歴

福田哲史（ふくた　さとし）

1957年、富山県生まれ。

３人の子（長女、長男、次女）の父親。子供たちはそれぞれ成人して就職。子育てを終え、現在の関心事は「孫育て」。

富山県内の小学校のほか、富山県教育委員会、富山県知事部局、文部科学省に勤務。行政では家庭教育にも携わる。

現住所　〒939-8144　富山市上今町249

子育て読本

子育てはたいへん　それでもしあわせ

2019年5月12日 初版発行

定価　1,600円＋税

著　者　福田　哲史

発行者　勝山　敏一

発行所　桂　書　房

〒930-0103 富山市北代3683-11

電話 076-434-4600

FAX 076-434-4617

印刷／モリモト印刷株式会社

© 2019 Fukuta Satoshi

ISBN 978-4-86627-062-3

地方小出版流通センター扱い

＊造本には十分注意しておりますが、万一、落丁、乱丁などの不良品がありましたら送料当社負担でお取替えいたします。

＊本書の一部あるいは全部を、無断で複写複製（コピー）することは、法律で認められた場合を除き、著作者および出版社の権利の侵害となります。あらかじめ小社あて許諾を求めて下さい。